思想觀念的帶動者

文化現象的觀察者

本土經驗的整理者

生命故事的關懷者

心靈工坊 PsyGarden

Holistic

探索身體，追求智性，呼喊靈性

攀向更高遠的意義與價值

是幸福，是恩典，更是內在心靈的基本需求

企求穿越回歸眞我的旅程

Beyond Mindfulness

The Direct Approach to
Lasting Peace, Happiness, and Love

超越正念

當下立斷的覺知練習

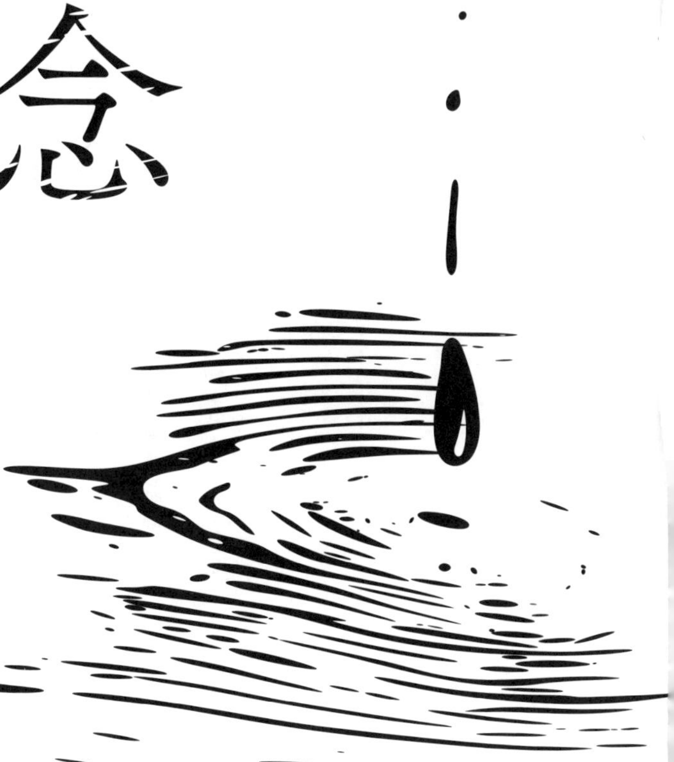

不費力的練習，拾起本屬於你的平靜與愛

史蒂芬·鮑地安
Stephan Bodian

目錄

2 偷運驢子……55

3 靈丹妙藥……77

4 當覺知力從夢中醒來……107

四方推薦

正念減壓創始人卡巴金曾提到禪修的兩種途徑：方法論（instrumental）和非方法論（non-instrumental），大部分正念夥伴可能較熟悉前者，但很高與本書作者點出了後者。卡巴金在《當下，繁花盛開》（*Wherever you go, there you are*）三十週年版中強調：「超越自我中心之覺性本質，正是修習的關鍵心要；而身心的覺性早就存在，人類覺知的真實本質就由它構成，這項本質無邊無際，亦為永恆，身而為人的你已經擁有。」這個觀點剛好與本書論述不謀而合，更是深得我心。在此推薦所有想體解當代正念更深入意涵的朋友好好品嘗此書。

——陳德中／台灣正念工坊創辦人

覺知即是超越一切，包含正念，以及一切能所對立的狀態。

本書與佛教中大手印不謀而和。

大手印：「在專注與覺知中無造作地安住於本然之心，超越能所的覺知中。」

在此推薦想要進一步深入正念禪修的朋友。

——林隆璇／知名音樂人，台南應用科技大學流行音樂系副教授兼系主任，正念導師

史蒂芬．鮑地安吸引讀者直接體驗他提出的主題，既自由安寧的覺知力，而所有的體驗都在其中往來。他對微妙含蓄問題的清晰描述、實用的建議和實踐性體驗，每一頁都彰顯了他本人深刻的洞察力和深邃的智慧。這是

一本瑰寶之作。

——瑞克·韓森博士（Rick Hanson, Ph. D）
著有《像佛陀一樣快樂》[1]（*Buddha's Brain*）和《與生俱來的快樂》（*Hardwiring Happiness*）

這本極具啓發性且意義深遠的書，揭示出禪修練習是如何重塑了這個行為者，也就是這個試圖保持正念的自我。作者史蒂芬·鮑地安以非常清晰和細緻的筆墨，介紹了來自智慧的非二元論方法，使我們放鬆下來，並意識到這光芒四射、不可分離的覺知力已經在這裡，並且一直都在這裡。

——塔拉·布萊克博士（Tara Brach, Ph. D）
著有《全然接受這樣的我》[2]（*Radical Acceptance*）和《與自己停戰的26個練習》[3]（*TrueRefuge*）

史蒂芬・鮑地安帶領我們超越了單純的文字、概念和頭腦的造作，進入到問題的核心。我由衷地推薦這本優秀的著作。

——瑟亞・達斯喇嘛（Lama Surya Das）

著有暢銷書《喚醒內心的佛陀》（*Awakening the BuddhaWithin*）

和《覺悟聖神》（*Awakening to the Sacred*）

1 編註：此書名為中譯本書名，心靈工坊，2011。

2 編註：此書名為中譯本書名，橡樹林，2023。

3 編註：此書名為中譯本書名，圓神，2013。

【推薦序】

放慢閱讀，讓體驗自然開展

——林俊言

身為一位同時擁有中醫與西醫雙執照的醫師，我在診療時，不僅關注病患的西醫診斷，更從不同角度探討「為什麼他的病無法痊癒？」「有哪些因素妨礙了人體的自癒能力？」當我懷疑患者可能有「情緒創傷」或「靈性困擾」時，我常會推薦他們閱讀史蒂芬．鮑地安的《當下覺醒》。過去幾年，許多病友熱情地回饋，分享這本書如何啟發了他們，不僅減少病痛、降低就醫頻率，甚至改善了他們在家庭或職場中的處境。

我推薦史蒂芬的書，主要有三個原因：第一，它精簡扼要，每章內容不多，讀者不用花太多時間便能看完一段；第二，書中附有冥想指導，讓讀者不僅在理智上理解，更能親身實踐；第三，作者兼具禪修與心理諮商的經驗。如果只有禪修，可能不容易整合內心的「陰影」。而若僅依賴當代心理學技巧，有時又會陷於思緒之中，難以突破意識的局限。結合傳統修行與現代心理學，則能更完整地走過心靈、意識與個人成長的歷程。

在台灣時，我經常修習四念住，推崇費登奎斯方法、哈科米取向與薩提爾模式，曾體驗過幾次靈性高峰經驗，也在翻閱《當下覺醒》時不經意就滑入禪定狀態。然而，我仍需刻意修行才能再次體驗到「萬物一體感」的自我消融。今年來美國之後，因緣際會拜讀了法蘭西斯・露西兒（Francis Lucille）的《寧靜的芬芳》（*The Perfume of Silence*），體會到「不費力的生活」：沒有預設的目標，也不刻意追求，下一步自會展現。眼前的景物和自身的感受在每一刻都好美，時時都充滿著敬畏。

在這個強調唯物與個人主義的時代，外在世界充滿著對立、歧視、霸凌，甚至軍事侵略等危機，而內在則面臨焦慮、抑鬱、飲食失調等問題。

「不費力」並非犧牲智力或放棄自由，而是在動盪之中仍能覺察：一切皆在宇宙的寧靜中發生。這讓我們在面對挑戰或痛苦時，既能保持內心的平靜，亦不失去對自身與他人的關愛。無論發生何事，皆能慈悲且不執著地陪伴自己，就像史蒂芬在本書所說，「恰到好處的回應」。

法蘭西斯與史蒂芬皆曾追隨金恩．克蘭（Jean Klein）學習多年，並以自身經驗發展出獨特的教法。這本《超越正念》和《當下覺醒》一樣精簡易讀，並適時提供冥想練習，同時具備法蘭西斯作品的內在寧靜。我建議放慢閱讀速度，甚至可以隨意翻閱，無需按章節順序。因為更重要的是隨著文字，去感受內在的感受，並在這些感受中停留，正如史蒂芬說的：「除非你自己體會到文字所指向的真實，否則這些文字沒有太多意義。」

請讓閱讀的體驗自然而然地發展，無論它如何變化。信任這分未知，而且不執著於任何關於身體、能量或神祕體驗的想像。只要留意所有被強加在我們本然空性之上的緊縮感，因為正是這些緊縮創造了一個獨立個體的幻象。無需試圖去消除或抗拒這些束縛，而是給予它們空間和時間去自然展開。

書中提到的「覺醒的覺知力」是一個事實，它是所有事實中最基本的事實。它已經在這裡，不需要再被引入。所有一切都在其中，而我們在努力追求什麼呢？凝視這種努力，讓它自然呈現它的故事。簡單地接受這種努力，接受那努力著的心智和努力著的身體，而不去努力讓它們以任何不同於它們本來樣子的方式存在。

祝福所有讀者都能親身試驗，發現最能引起自己共鳴的方法，找到自己獨特和合適的位置，並傾聽穿過自己的生命之河，允許它把我們帶去它想去的地方。

——林俊言

2024.11.04，寫於美國波士頓

作者為中醫師

【譯者序】

思考心靈探索的真正目的

——盧冷芳

幾年前，我在美國一個非常受歡迎的心靈探索頻道上，看到了史蒂芬．鮑地安的訪談，最初吸引我的，是他豐富多元的修行之路，在跟隨他學習之後，我發現他對心靈修行有著清晰而獨到的見解，這些見解並非僅僅來自於知識的積累，更是來自於他半個世紀的實際修行體驗。

這本書充分體現出了史蒂芬清晰而富有層次的教學方法，本書大致分為三個方面，這三個方面實際上也對應了不同程度的修行階段。首先，對於初次踏上心靈探索之路的人來說，正念禪修是比較容易掌握的一種方法，也是最容易帶來平靜感的方法，而這往往會成為進一步修行的障礙。史蒂芬在這一部分中，對正念禪修提出了理性的批判，並詳盡地分析了正念禪修的益處和局限性，進而促使讀者去思考心靈探索的真正目的。

本書由此過渡到修行的第二個階段——深度的自我探詢，也就是說，從直覺和經驗層面上認識到，觀察者和被觀察的物件並非兩個不同個體，進而覺悟到自我的真實本質，也就是覺醒的覺知力，史蒂芬把這種覺悟方法稱為「直接法」。正如史蒂芬在書中所述，他不是直接法的發明者，他以禪宗兩元論和吠檀多不二論為基礎，闡述了這種方法的來源和依據，並解釋了它與正念禪修的不同之處。直接法又被稱為「新派不二論」，半個多世紀以來，經過無數位偉大的老師的歸納總結，最終以現代的語言，重新展現了傳統吠檀多不二論的主旨。史蒂芬從挖掘自我的意義開始，深入淺出地引領讀者，思考自我與世界的關係、主體與客體的關係，進一步匯出什麼是覺知力，什麼是覺醒的覺知力。他更是在本書中提供了多種詳盡的冥想方法，使直接法不僅僅是理論上的認知，而可以是經驗層面上的體悟。

在第三個部分，史蒂芬旨在指導修行者如何把這種覺知力——也就是大圓滿法中被稱為的「一味」，滲透到生活的五味中，使禪修不僅僅是蒲團上的靜坐，而是如實如是地擁抱生活，接納自我。他將東方智慧和西方心理學巧妙地融合在一起，從心理學的角度解釋了什麼是純粹的體驗；什麼是情緒和感受，頭腦在其中扮演了什麼角色，分析了沉積的心理創傷如何影響修行者的覺悟之路。在此基礎上，指出了正念禪修和直接法對情緒處理的不同態度和利弊。史蒂芬用二十多年的心理治療師的經驗告訴讀者，儘管冥想可以在某種層面上帶給修行者一定的平靜，但是，平靜之下隱藏起來的心理陰影，卻經常被修行者忽視，要想獲得最終的覺悟，需要對自我完全地接納。

「以簡單的語言展現古老的智慧」——這是史蒂芬和其他所有心靈導師共同的宣導。在我翻譯這本書的時候，我儘量以現代的、通俗易懂的文字來體現史蒂芬的風格，展現他的智慧。希望您能透過這本書，與覺者產生心靈的共鳴。當然，更希望您通過這根指向月亮的手指，最終看到智慧的光芒。

滿懷無限的感激之情，

謹以此書獻給我的老師們，

沒有他們的耐心和慷慨賜教，就不會有這本書的誕生，

願此書為天下所有眾生帶來和平與快樂。

【序】

認識你本自具足的圓滿

——約翰・普蘭德賈斯特（John J. Prendergast, Ph. D）

也許你很難以想像在正念禪修練習和教導之外還有什麼其他的教法，尤其是正念禪修有著諸多顯而易見的益處和普遍性。難道對我們眼前的經歷，對培養我們的慈悲心保持一種開放的、無偏見的、探求的心態，還遠遠不夠嗎？當然，對某些人來說是足夠了，但是，另一些人，不管這些人是長期的禪修者還是初學者，他們可能嗅出還有一種更為直接的，通往自由、愛與快樂的道路。如果你恰恰就是這樣的讀者，那麼你找到一本優秀的書和一個有價值的指南了。

史蒂芬・鮑地迪安是我在八〇年代末閉關靜修時結識的一位摯友和同

事，作為一個禪宗修行者和導師，他從頭至尾走完了正念禪修的道路，然後，他繼續跟隨藏傳佛教和不二論吠檀多的宗師學習，其中包括了我們共同的老師：金恩・克蘭（Jean Klein），同時還成為了一名領有證照心理治療師。正是這種豐富多元的背景，才使他對正念禪修和教法提出了內行的批評，他大概是第一個提出這種批評的人，這既令人讚賞，也極具挑戰。更為重要的是，他雄辯地指出了：潛藏在正念禪修之下的，是與生俱來的、覺醒的覺知力，這正是本書的亮點。

正念禪修的練習和教導有很多值得讚賞之處，對許多人來說，這是他們接觸冥想的首要介紹，也是對佛法，對通往內心深處和更深層真理的入門指引。正念禪修拓展了一種對念頭和感受更加開放的關係，緩解了焦慮和壓力，提升了專注力，打開了心扉。在某些情況下，它使人們認識到自己的真實本性。然而，它也很容易讓我們陷入一種努力提高自己的模式中，畢竟我們總是可以更加「正念」，不是嗎？這種想要「改善」自己的傾向是一個巨大的潛在隱患。我們很容易陷入一種隱隱欠缺的狀態中，而不願認識到我們本自具足的圓滿。

事實證明，正念禪修者特意去培養的一些基本品質，諸如智慧和慈悲心，正是我們覺悟到自身真正本質之後，自然而然產生的附帶結果。深度的自我探詢像是挖掘清泉的過程，經過仔細的探詢，自我和其他事物之間的區別變得柔和起來，並且逐漸消融，隨之而來是的清明、愛、深邃的覺悟和閃耀的覺知力。起初，我們可能會覺得自己什麼都不是，無法被定義，沒有邊界，只是一個無限開放和自由的空間。隨著時間的推移，我們還會發現我們與萬事萬物是不可分割的。

這種認知遠遠超越了我們在現象層面上是互為關聯的看法，現象層面上的互為關聯僅僅指出了，我們是一個更大的整體的一部分，而直覺上的認知，是認知到觀察者與被觀察者、認知者和被認知者，並非兩個。我們體驗到自己是純粹的覺知力之光，是一切現象的源頭和本質，這就是心靈智慧結出來的果實。當然，把這種理解轉換到受限的身心上需要時間。

當我們從自我分離的昏睡中醒來，我們會自然而然地、如實如是地迎接生命的展現，並且會找到打破固化迴圈反應的方法，這種轉換既會影響到我們心理上殘留的思維定勢，也會影響到日常生活中我們對人對事的反應。在以前，我們可能會試圖擺脫或改變令人煩惱的想法和感覺（這是另一種固化反應），而現在，在覺知力的光照下，我們坦誠地面對它們，不加設防地歡迎它們，允許它們以原本的樣子呈現。當你感到自己被深切地關注和接納時會怎麼樣？我們身心中被排斥的部分和模式也會有同樣的反應。

正如當我們找到內在的自由之後，會自然地把它傳達給他人，我們的自我接納和愛也是如此，快樂和平靜會毫不費力地散發出來，成為一種自發的、無私的祝福。

請欣賞從這本《超越正念》字裡行間所透射出的光芒，以及這些來自於寂定的文字。在史蒂芬巧妙地引導下，願你能意識到你的真實本質，並將它更充分地展現出來。

——約翰・普蘭德賈斯特

作者為心理治療師、心靈導師、作家、編輯、加州整合大學的退休兼職教授，著有《接觸：如何傾聽身體內在的指引並相信自己》(*InTouch: How to Tune In to the InnerGuidance of Your Body and Trust Yourself*)

【引言】

超越正念禪修：遇見覺醒的覺知力

多年以來，我一直作為一個佛教僧人練習正念禪修，每天禪修時，我都會花好幾個小時專注於呼吸的起伏和身體的感受。我逐漸地善於觀察自己的念頭和感受，並發現自己越來越平靜、寬廣，也越來越遠離於那些看似意味著我的生命的故事。隨著時間的推移，我習慣性的焦慮逐漸減少，一種輕鬆和滿足感籠罩著我，我可以更好地與人相處，我的心更加穩定，注意力也更加集中。我不再憂慮未來，也不再縈回過往，而是更加專注活在當下，盡可能用心地專注在將要執行的工作上。我從一個神經兮兮的學者蛻變成了一個耐心、踏實、平靜的典範人物，我脫胎換骨變成了另一個人。

然而，經過多年的呼吸練習，經歷了跟隨傑出老師們學習正念禪修的奧妙，並且親自傳授正念禪修之後，我到達了我所認為的正念禪修極限。我的確變得更加平靜，反應性也更少，但是我同時也感覺自己越來越脫離於生活，仿佛是站在遠處體驗人生，而不是直接沉浸在當下的生活中。我的冥想肯定更加專注了，心也不再喋喋不休，但是一切似乎帶著某種乾澀，缺少靈動與能量。當我把這些體會描述給我的禪修老師之後，他只是告訴我，要更加精進地冥想。經過一番深思熟慮，我決定脫下僧袍，從蒲團上站起來，轉而學習西方心理學。我知道一定有其他的方法打磨頭腦與心，我希望能夠從中學到些什麼。

嘗試了幾年其他佛教禪修方法之後，在一位友人的引薦下，我結識了一位佛教傳承之外的，來自吠檀多不二論的老師，他建議我停止正念練習，轉為直接探詢存在的本質。我受到他的話語，以及那個當下體驗到的深邃寂定所吸引，於是開始遵循他的指導。有一天，當我正在高速路上開車時，他經常重述的一個偈語「尋求者正是被尋求的」飄進我的覺知中，突然間，我所認為的「客觀存在」發生了翻天覆地的變化，我不再把自己識別為那個頭腦中的小我，取而代之，我意識到我是無邊無際、無任何制約、永遠清醒的覺知力，在這個覺知力中，那些被我誤認為是自身的念頭和感受起伏往來。儘管我不再繼續冥想，但我卻在冥想之外，偶然發現了我多年以來一直在冥想中尋找的體驗。是我多年的冥想促成了這一刻的收穫嗎？我對此毫不懷疑，但事實證明，僅僅依靠冥想並不足以揭開我苦苦尋求的謎底。

這本書反映了我自己的尋道與得道之路，同時，借助於我多年來對別人的引領，我從中發現了什麼是只可領悟、激發而無法傳授的東西。儘管我發現正念禪修對於活在當下、平息我動盪的頭腦與心靈非常有幫助，但最終我還是必須超越正念禪修，才發現了我一直尋找的平靜、愛與圓滿。書的名字是為了引發思考，而絕不是貶低正念禪修所帶來的非凡意義。對於初學禪修的人，我仍然建議正念練習方法，因為這是最有效的方法，以應對壓力、焦慮、抑鬱、憤怒以及其他挑戰性情緒和心態，並洞察痛苦的根源，從而獲得相對的平靜與安寧。但是，由於我在本書中闡述的這些原因，導致你無法獲得持久的圓滿，除非你超越正念禪修，安住在我所說的覺醒的覺知力中，才可獲得。

很多西方著名的正念禪修老師都讚賞這種觀點，受不二論、佛法以及其他傳承的教導，他們告誡人們，不要把正念練習功用化，也就是說，不要把正念練習簡單地當作一個追求更加理想狀態的方法。

取而代之，他們指出一種非功用化的視角，以正念禪修打開你早已擁有，但需要開啟的、內在的智慧層面，有些老師甚至把「正念」作為覺知力本身的代名詞。他們教導說，正念禪修最終是要把你帶出這種功用化的正念，從而意識到覺醒的覺知力。然而，在大多數情況下，這些老師不會對正念禪修做批評，他們也沒有提供我在本書中所闡述的直接方法。

⊙ 如何使用本書

我根據自己主持的閉關靜修來編排本書：每一章都包括了教導、冥想指導和討論。教導是以語言超越語言，指向我們自然的、覺醒的覺知力之境；冥想練習穿插在每一章中，引導你走出陳陳相因的頭腦，親身窺見覺醒的覺知力之光；在每章末尾的問答部分，則是梳理了一些需要進一步闡述的話題。如果你希望在你閱讀本書的時候獲得最大的收益，我建議你不要習慣性地積累疊加新的概念和信念，而是讓這些文字繞過你概念化的思維，允許真正的內在智慧得以綻放。讓自己沉浸在這些教導中，時常停下來練習冥想，對於閱讀時浮現出來的一些問題，翻閱問答部分。願字裡行間對真知的闡述真正活在你的生命裡，願本書把你領到一條可以直接回到安寧、圓滿的覺醒的覺知力之路。

⊙ 關於正念禪修的附註說明

在這本書中，我的目的是批評目前出現在世界各地，眾多的非宗教性禪修中心和閉關中心，普遍把正念禪修練習程式化的現象，然後將其與我在書中闡述的直接法進行了對比。但是對於一些老師來說，柔和的正念禪修練習其實是一種很自然的踏腳石，藉以進入一種更加自然、毫不費力，自生自續的覺知力層面，這種層面與我在本書中的介紹在本質上是相同的。歸根究底，如果一位老師瞭解直接回歸之路，由這樣的老師指導進行正念禪修練習，正念禪修將會帶你超越正念，把你帶進與生俱來的、覺醒的覺知力之境。

第 1 章

THE LIMITS OF MINDFULNESS

正念禪修的局限性

一旦你意識到覺醒的覺知力的萬丈光芒，練習正念就好比在正午時分打開手電筒，希望它能把一切照得更明亮。

在我學習和練習正念的過程中，正念禪修始終是一塊踏腳石，它並非終結在此，而是一個技巧性方法，用來超越正念禪修本身，從而識別出正念升起的根源。基於這種主導，正念禪修可以有多種不同的形式，在我個人的經歷中，它以佛教禪宗的形式展現出來，保持正念是一扇通往更深層、更穩定的覺知力的大門，而這種覺知力是無法被製造或練習成功的。無論我們是否知道它，這種更深層的覺知力總是在運行，實際上，它是我們本質的自然展現，沒有它就不會有任何體驗。我們不需要像培養一種才能那樣培養它，也不需要像強化肌肉那樣強化它，我們只需要識別出它，並返回到它。

在這樣的背景下，正念禪修的目的不是為了最大限度地提高成效、促進健康、激勵情緒，或為了得到過去幾十年裡科學研究所得出的任何結果。甚至是傳統教法上認可並重視的相對快樂和其他正面情緒，也只是定期練習正念禪修的一個必然結果而已；它們本身是為了指向一個更徹底、更充分的結局：認識到我們的真實本性，把心從苦中解脫出來！其他任何益處都只是副產品，是通往覺悟路上的額外福利而已。

正念禪修對起伏不斷的體驗的關注，能讓我們更深刻地洞察到所謂物質世界的無常、無實質，並讓我們洞察到我們是如何把念頭、感覺、記憶、圖像的集合當成了一個分離的自我。在某些正念禪修的方法中，這種洞察力通常只有透過多年的專注冥想才能獲得，然而，這裡有一種更加直接的方法，可以指向更深的層面，並繞過頭腦來引發即刻間的了悟。這種更直接的、通往持久快樂和平靜的方法，正是本書的主要內容。正念禪修也許可以為這個直接法做一些準備，但是，到了一定的時刻，你需要超越正念禪修。

西方世界的正念禪修

目前在西方普遍練習的正念禪修，主要源自於東南亞的南傳佛教。最初，是在巴利語中sati（一般翻譯為「正念」〔mindfulness〕）一詞，包括了記住（當下）的意思，同時還包括了辨識出理想的與非理想的心理和情緒狀態之意，這一含義仍然存在於很多傳承中。正念作為「無差別地專注於當下的體驗」這一意義，是內觀法、正念減壓法課程（MBSR）所傳授的，也是當今最為通俗的正念禪修訓練，它在西方被納入到主要練習法的原因是受到幾位佛教高僧和西方老師的影響，他們在七〇年代中期把這個方法從亞洲引入了西方。幾乎在同一時期，越南禪師、諾貝爾和平獎提名人——釋一行法師開始在歐洲和美國傳授一種與正念禪修非常相似的教法。

儘管這些方法略有不同，但它們都共同強調，要練習和培養某種心的狀態，以便更具有慧心和慈悲心，對普通人來說，就是減緩壓力、促進健康、緩解抑鬱、最大限度提高效能，同時獲得正念禪修帶來的其他益處。

本書所介紹的直接法，採取了一種不同的方法：你原本就是你所尋找的愛、慈悲、圓滿、健康、快樂，並不必須通過練習才能成為它，你只是需要識別出它，並化作它。當然，說起來容易做起來難，我在接下來的章節中會指導你踏上這條直接回家的道路，回到你一直都在的地方。但是，直接方法和傳統正念禪修中通常傳授的漸進方法有很大不同，其效果也大相徑庭。

直接法和漸進法之間的區別，可以概況為它們對覺知力的理解不同。在正念禪修的傳承中，覺知力本身通常被忽略，它僅僅被視為是為了達到某種境界的一種方法，是一種為了獲得更平靜、更有愛心、更專注的心智而訓練出的能力，最終發展出對現實無常、無實質的本質的洞察力。從直接法的角度來說，覺知力可以與正念結合起來傳授，也可以作為正念的後續傳授，覺知力不僅僅是一種功能或能力，更是一切尋求的終結，因為，從根本上說，覺知力是你的本質，也是存在的本質。

當覺知力通過你覺醒到其自身就是存在的根本時，你就到達了探索的終點，並化作覺醒的覺知力而安住。正念的禪修可以繼續，作為記住你的真實本質的一個提醒；但不是你要做的一個練習，而是一種自發性的回歸。

作原本的你、從未改變的你——這就是直接法的使命。正念練習並不是先決條件，你所需要的只是端正的好奇心和誠摯地探索自己本質的精神。

正念禪修的益處

如今，正念禪修被當作一種有效的治療方法來推銷，它可以緩解生活在數位時代人們的壓力和不安。這的確有道理，大量研究表明，定期練習正念禪修可以在很多方面滋養我們的生活。除了很多顯而易見的方面比如更加熱愛生活、更和諧的人際關係、減緩壓力和焦慮、釋放抑鬱之外，研究還表明，正念練習明顯地能以積極的方式改變大腦，僅僅透過在日常生活中，不加評判地關注你的體驗，就能徹底改變你的生活。

也許正念禪修最深遠、最重要的一個影響，是無法用腦電圖和核磁共振來衡量的，那就是人們越來越清楚地看到自己的念頭和感受的本質，而不再被它們矇騙或把它們個人化。通常，我們完全被自己的念頭和情緒吸引和迷惑，誤以為它們客觀存在，而透過正念禪修，你逐漸學會與它們保持一定的空間或距離。這點微小的空間能讓你在對覺知力中閃現的想法、圖像、幻想、記憶、情緒做出反應之前，平靜地看到它們，不是馬上被它們劫持或讓它們控制你。比如，一位朋友或家人說了一些蠻橫無理的話，你的第一反應可能是感到震驚、受傷、羞愧或者憤怒，你可能不會靜下心來覺察到你的感受和隨之而來的念頭，而是憤怒地發洩出來，陷入整夜的爭吵，或者，你可能會退縮，與對方保持距離，生悶氣，頭腦中充斥著負面的評判和指責。透過正念禪修，你有可能在感受出現時捕捉到它們，不是馬上做出反應，而是平靜地思考它們，再以更適當的方式回應。你學習如何與它們發展出一種更健康的關係，而不是迷失其中。心理學家丹尼爾·高曼（Daniel Goleman）

將這種能力稱之為情商，它把你的情緒以一種開放、平衡的方式與自己的感受建立聯繫，並在不帶有情緒反應的情況下，清楚地表達自己，這種技能在世界各地的會議室、工作場所、家庭中都備受推崇。

除了培養情商方面的價值以外，從正念禪修中培養起來的、開放性的覺知力，也有著不可低估的實用價值。它幫助慢性疼痛患者與身體上的病痛拉開距離；讓革新者和創造性思維者跳出習慣性思維框架；讓飽受壓力的人在面對困苦的境遇和念頭時，可以從不同的角度思考，並找出更有成效的回應方法。但是，即使是這樣，正念禪修也有它的局限性。

冥想練習：觀察覺知力

覺知力是正念禪修和直接法共同的核心，在這個冥想練習中，你有機會讓覺知力之光照回它的自身，注意覺知力是如何運作的，並反思是誰，或是什麼在覺知。

找一個安靜舒適的地方，坐十分鐘左右，做幾次深呼吸，把你的注意力從念頭和情緒轉移到感知吸氣和呼氣上，如果你的頭腦開始游離到了念頭上，輕輕地把它帶回到呼吸。

觀察你的注意力是如何不斷地離開又返回，觀察它是如何從一件事，轉移到另一件事，從念頭，到情緒，到感知，周而復始。換句話說，你覺知到覺知力本身，由此，你進入了覺知力的另一個層面，這個層面先於你日常習慣性的覺知力層面。

現在，問自己：如果我是覺知到念頭的那個人，那麼，是誰覺知到覺知力的移動？在覺知到念頭的同時，我是否完全在念頭之外？我能夠找到那個覺知者在哪裡嗎？停留在這個探詢中，看看會出現什麼。

正念禪修的局限性

開始的時候，有意識地把你的注意力一次又一次地從念頭和情緒轉移到對呼吸的感知上，這會幫助你用一個新的習慣抵消另一個習慣，原本你習慣於頭腦中不斷重複各種故事、幻想、白日夢還有記憶，現在你的注意力轉移到感官體驗上，因為感官體驗更直接，與當下的聯繫更緊密。隨著時間的推移，這種注意力的轉移，會讓你與身體及身體感官體驗之間，建立更和諧的關係，這可以引導你關注此時此刻發生的事情，而不是關注你對正在發生的事情的解讀。

與念頭不同，直接性感知是通往當下的大門，而念頭通常會把你帶入想像中的過去和未來。隨著你的練習日趨嫺熟，你就能夠把你的注意力從感知身體內外，擴展到感知你的念頭和情緒上，而不再迷失其中。這就是前面探討過的開放性覺知力。

然而，到了某個階段，正念作為一種你需要不斷努力維持的特定心境，會開始變得吃力、機械化，你會發現自己渴望一種更具自發性，不加策劃的方法，以活在當下。當我還是個僧人的時候，我專注對當下體驗保持一種精心推敲的注意力，以至於我失去了自在感，變成了一個正念自動機器。直到我放下正念，才發現自己可以生活得更輕鬆自如。管這種方法有多少好處，技巧只能帶你走到這麼遠，正念禪修的目的不是更好、更專注地保持正念，而是更開放、更自然、更真實。佛陀把技巧比作一個竹筏，竹筏的目的是把你帶到彼岸，一旦你到達了，你不需要把竹筏頂在頭上，而是可以把它留在岸邊。

如果教導和練習得當，正念禪修可以是柔和、平緩、廣闊和慈悲的，正如我先前所述，一個好的老師至少在某種程度上，可以引導你逐步放鬆努力。只有當我們以追求成果為目的的時候，練習才有了某種強迫性。這種把冥想當作實現某個目標，而不是平靜下來、打開自己心扉的習慣，根深蒂固，難以移除。這種以目標為導向的練習，違背了正念禪修的根本目的，正念禪修是為了引領你對當下體驗不加詮釋、評判、策劃，讓體驗如實如是地呈現。關於正念禪修的益處，以及令人咂舌的研究結果越來越多，這很有可能把正念禪修變成了另一種自我提升的方案，變成你無盡的任務清單上的另一個專案，而實際上，這理應是一個把「做」和「完成」轉移到如實如是存在的機會。

在一個更微妙的層面上，正念禪修強調刻意地應用注意力，儘管在開始時有幫助，但是，卻有一些潛在的陷阱和局限性。首先，它可能逐漸勾勒出一個新的身分：一個獨立的觀察者。正念禪修非但沒有打破你與他人、與世界分離的障礙，反而強化了這些障礙，因為它讓你感到你是一個獨立觀察著的自我，位於頭腦中，高高在上，俯視你的體驗和行為，從而強化了它們。正念禪修非但沒有讓你與生活和他人更加親密，反而會讓你產生一種刻意的、習慣性的疏遠，偷走了你的熱情和率性。正如一位禪宗大師所說：「如果你在保持正念，你就已經造出了一種分離。讓走時走，行時行，言時言，食時食，坐時坐，做時做。」

這個陷阱非常隱蔽，即使是最有經驗的禪修者（事實上，尤其是最有經驗的禪修者）也很難識別出。這裡的關鍵字是「自我」（ego），開放的覺知力其實沒有任何固定性，但不知怎的，卻變得固定化了（自我），從而延續了一種分離感。陷入這種固化的人，可能會認為自己是超脫的，並且難以親近，甚至在親密關係中也是如此，他們往往會從自然真誠的交流中退出。在我的僧侶歲月裡，我為自己是一名長期的禪修者感到自豪，我隱藏在自己建立起來的超脫背後，以避免受到傷害。開放的覺知力和超然旁觀之間的區分至關重要，但要分辨出來卻很困難。開放的覺知力能夠放鬆分離感，引發對事物的親近和熱情，而超然旁觀卻造成了距離感，冷漠感，還有隱約的（或者顯而易見的）厭惡感。

隨著這種固化的分離感而來的是，人們往往利用正念來避免或壓抑那些不舒服或具有威脅性的情緒。正念禪修實際上是鼓勵面對或歡迎這些情緒，而你卻滋養出一個高度集中的注意力層面，導致你認為自己完全超越或轉換了這些情緒，而事實上，它們卻在暗中翻滾，並最終會無意識地表達出來。你也許曾遇到過這樣的禪修者：當同事因為悲傷和痛苦而哀怨，她卻聲稱自己的正念禪修使得她超越了這些瑣碎的人性弱點；或者你的密友聲稱他沒有任何憤怒的情緒，卻時常怒火中燒，然後迅速地恢復平靜，似乎什麼都沒有發生過。當我最終意識到正念禪修不能幫助我處理某些困苦的情緒時，我離開了寺院生活，去學習心理學，並開始探索其他的方式。正念禪修所傳授的操縱注意力的能力，可能會成為控制內心活動的工具，並可能導致「靈性逃避」，也就是說，利用冥想技巧繞過日常生活中的人性糾結。

作為一名佛教僧人，我遇到過很多像我一樣的人，他們把冥想當作生活中的避風港，當風浪湧起時，他們就隱退到蒲團上，追隨呼吸，以此平息動盪的頭腦和心。不幸的是，他們從未邁出下一步，運用冥想所提供的深邃的洞察力來探究造成他們焦慮不安的根源。事實上，有些人對冥想上了癮，誠然，像這樣的成癮也不是一件壞事，他們認為，沒有每日的冥想打坐，他們就無法正常工作，一旦他們遇到令他們厭惡不安的情緒或心態，他們就急需利用冥想來修正。

如果你成年累月練習正念冥想，你可能會養成一種正念自動化的習慣，這種例行公事般的巡視會奪走覺知力中原有的純粹、開放和自然。以這樣的方式練習正念，只會讓你持續依賴於一種修飾的狀態，並且要進行不斷地修飾，這永遠不會真正賦予你能力，去體驗永久的寧靜、自由和真實，然而這才是正念禪修的最終承諾。

當然，在正確的指導下，定期練習正念，可以極大地幫助你看穿濾鏡，從而明白是念頭、情緒和故事造成了你與萬事萬物的分離。但是，所有這些陷阱，諸如把自己識別為分離的正念觀察者；或把冥想變成目標導向的任務；或把紛亂的念頭和情緒壓抑在平靜之下；以及陷入某種相沿成習的、約束的注意力中，都可能變得根深蒂固，難以被識別或撼動。這個字，「mindful」（正念），本身就會助長這些誤解，因為這使得它聽上去像是頭腦的活動，你也許能夠透過不間斷地警覺，來維護平靜和超然旁觀，但是，一旦你的精力衰退，放鬆努力，它所延續的平靜也會潰散下來，直至你再次努力回到正念狀態。

過渡到直接法

很多人對定期進行正念冥想感到很滿意，認為沒有必要透過參加靜修會或其他方式擴展或加深他們的練習，另一些人偶爾參加靜修會，逐漸可以熟練地保持開放的覺知力，但是仍然覺得慣用的正念方式更得心應手，還有另外一些人，可能被正念禪修中某種演變的方式吸引，並將其作為通向自然本質之路。

然而，如果你正在閱讀這本書，你可能是那些已經達到了正念禪修上限的人之一。也許你覺得自己被困在了其中一個陷阱裡，不管如何努力嘗試，仍然無法透過任何正念禪修技巧幫助打破困境。實際上，你可能覺得自己更像是一隻追逐自己尾巴的小狗，想運用正念技巧把自己從正念禪修的陷阱中解救出來，但總是以失敗告終。我的一個學生是這樣描述的：

我已經冥想多年，能夠數小時坐在蒲團上保持當下的清醒。在每日生活中，我感到清晰和平靜，但不知何故，同時又遁世離群，我無法真正感覺到自己的鮮活靈動或者與他人接觸時的溫暖，我覺得像是走進了一條死胡同，無法找到出路。我的老師只是告訴我要繼續冥想，但我知道這並不是我需要的。

也許你很欣賞你所發現的開放的覺知力，但是你厭倦了不停地作為，厭倦了沉迷於維持某種狀態，你想知道是否有什麼辦法可以透過正念或者超越正念，來進入一種更深邃，更自然，更能夠自行維持的覺知力層面。也許你可能在一瞬間體驗到正念自發地消失，你完全與觀察者脫離，你發現自己毫不費力地超越了開放的覺知力，進入一種沒有參照點的無人之境，這些瞬間可能會讓人感到迷茫和不安，你於是再次回到了你的正念禪修。

冥想練習：休息於間歇中

通常情況下，頭腦中充斥著流動的念頭和情緒，讓人感到難以承受，或感到壓抑。如果你練習正念禪修，你可能逐漸發展出一種內在的寬廣，讓你可以深深吸口氣，順勢而流。在直接法中，你可能自然而然地找到念頭與念頭之間的間歇或自然空間，在這裡，內在平靜和寂定毫不費力地顯露出來。

靜靜地坐上幾分鐘，用心關注你的呼吸，現在，把你的注意力轉向川流不息的念頭和感覺，儘管它們似乎是不間斷的，但是，時不時地你會注意到在念頭和念頭之間，有一個微小的間歇，這個間歇如此開放，寂靜，沒有任何添加。一個念頭升起，然後消失，在下一個念頭還沒有升起之前，間歇就在這裡。

讓你自己在這個間歇中呼吸，充分地感受它，輕輕地延長它，在接下來的十幾分鐘裡，帶著輕鬆和呵護，繼續留意、感知、延長念頭之間的這個間歇，這個空隙，然後感受這些空隙中所顯示出的寂定和靜謐。

你可能會注意到，「我」的感覺在間歇中消失了，也就是說，與念頭不同，這個間歇是沒有自我指認的，它只是開放並覺知，這便是對你的自然之境的一瞥，在你的一天中繼續時常探索這些間歇。

不管你有多麼接近這個上限，你都處在超越正念禪修，進入新的修行階段的邊緣。這就是本書的意義所在，它旨在指導你從正念禪修過渡到一種更自然、更有自發性、能夠自行持續的覺知力層面。我把這個層面（這實際上是超越所有層面的一個層面）叫作：覺醒的覺知力（awakened awareness）。本書接下來的部分將用於探索這個層面，並且為你提供冥想練習以及其他能夠幫助你親身體驗到它的技巧。覺醒的覺知力並不是你需要去培養或創造的某種新的或特別的頭腦狀態和心理狀態，它實際上是你作為一個人的內在本質，是你的自然本性，而多年的積習導致它暗淡模糊。

在佛教和其他修行傳承中，這種自然之境或者自然本性經常被比喻成太陽，不管天空多麼陰暗，太陽永遠閃耀。如果你想要陽光，你不需要練習如何普照大地，或者如何光芒四射，事實上這樣的努力近乎荒謬。與之相反，你只需要清除阻擋光線的雲層，或者等待它們自行消散。同樣地，一旦你識別出覺醒的覺知力的萬丈光芒，練習正念禪修就好比在正午時分打開手電筒，希望把萬物照得更明亮。

結語

正念禪修的益處良多，也經過了科學的驗證，它可以激勵情緒，減緩壓力，提高注意力，提高情商，但是它也會強化正念者與正念物件之間微妙的分離感，這種分離感非常頑固，難以擺脫。如果你渴望從這個分離自我的幻覺中醒來，你最終可能發現正念禪修會造成反作用。你可以練習本書中闡述的直接法，顧名思義，它直指你與生俱來的清醒，也就是你的自然本性——覺醒的覺知力。

問與答

問：我從來沒有練習過正念禪修，我需要先回去練習它，然後再採用你書中闡述的方法嗎？

答：完全不需要，我把這本書定位為對正念禪修的批評，並且為那些已經感受到正念禪修的局限性的人們，指出一條更加直接的道路。但是你也可以直接開始，不需要任何準備工作。正如我在這一章裡提到的，正念禪修有很多收益，並且可以教你如何留意當下一刻、如何把握注意力，但是，它也有明顯的局限性，這可能會阻礙進一步的覺悟。細細品味這些章節中的指引和冥想指導，探索它們對你有什麼樣的啟發。

問：你告誡我們不要用正念禪修拉開與情緒的距離，並不要壓制情緒，但是，坦率地說，我有個相反的問題，洶湧的情緒經常把我淹沒，我幾乎無法冒出水面呼吸，我練習正念禪修正是因為它能為我拉開更多的距離。

答：是的，這聽上去是正念禪修使你能夠與情緒建立一種關係，不是被情緒所征服。但要注意的是，如果你沉迷於冥想練習，把冥想當作回避強烈情緒的避風港，而不是在情緒出現時，以當下的心態迎接它們，那麼你會陷入困境（在第七章裡，我闡述了如何自然地從覺醒的覺知力的層面與情緒建立關聯）。如果正念禪修對你很有幫助，提供了你所尋找的輕鬆感和距離感，那麼請繼續練習它，享受在其中！

問：你用了相當長的篇幅談論了正念禪修的局限性，那麼，直接法有哪些局限性呢？

答：每一種方法都有它的缺陷和局限性。由於直接法傾向於依賴於文字作為指引，因此，其中一個危險是你可能會沉醉於這些文字之間，而忽略了文字所指向的真實。我認識的很多人聽上去都很有智慧，因為他們可以借用不二論術語誇誇其談，但是，他們沒有直接體驗過覺醒的自然本性。如果沒有常規的冥想練習將注意力立足於當下，你會很容易迷失在概念性領域裡。同樣地，你可能會把直接法所主張的放鬆、不費力與懶惰、消極混淆起來，並滿足於覺醒的覺知力是你的自然本性這種頗為悅耳的說法，而自己不去努力了悟它。的確，你無條件存在的自然本性總是在這裡，但是，在你直接了悟到它之前，你仍然被困在原地。正如我的一位老師經常說的那樣：「你的苦仍然紋絲不動。」

問：你說自我很容易潛入到我們的練習中，成為「練習者」，但是，即使在練習如實接納一切的時候，不是也可以讓自我溜進來成為「接納者」嗎？

答：是這樣的，頭腦可以收納任何練習，並利用練習來滿足控制的需求，正如它可以很巧妙地裝扮成「保持當下」那樣，它同樣也可以很巧妙地裝扮成「接納」，而沒有真正地接納。這是直接法裡面最棘手的陷阱之一，因為它非常難以捉摸、難以察覺，頭腦最終會在「試圖接納」的過程中潰退，回到已經接納、並總是接納的無限開放之中。

第 2 章

SMUGGLING DONKEYS

偷運驢子

很多年以來，納斯爾丁一直趕著驢子，馱著各種貨物來往在鄰國的邊境線上。邊防警衛懷疑他在走私東西，儘管對他進行周密地搜查，但是，他們從未發現過任何走私品。納斯爾丁退休後搬去了一個遙遠的城市。有一天，他在公路邊的咖啡館裡，偶然遇到了原來的一位邊防警衛。「納斯爾丁！」警衛向他打招呼，「真沒想到能遇到你！」幾分鐘的寒暄之後，警衛忍不住問了一個多年來的疑惑：「告訴我，你當年究竟在走私什麼東西？」「哈哈！」納斯爾丁抿了一口茶，回答說：「我在走私驢子！」

就像這位邊防警衛一樣，人類特有的大腦通路使你關注內容而忽略背景，專注形色而忽略環境。在一天當中，你的注意力不可避免地被人和物體所吸引，你的孩子、朋友、同事、你的備忘錄，但是，你是否曾停下來注意過包圍著、浸透著這些物體的空間？你是否思考過如果沒有空間，物體無法運作？或許你認為空間的存在是理所當然的，是一個物體顯現的無形背景？

當然，空間是難以把握的，因為它沒有位置、大小、形狀或實質，它更像是使物體成為可能的潛在條件，而不是一個可以被獨立認識到的東西。然而，當你去某個空間充足的地方時，你的確感覺到了它，例如在山巔或海邊，又或者，當空間匱乏之時，你也會感覺到它，例如在人山人海的地方，或堆滿了家具的房間裡。

同樣的，當你沉浸在電腦或手機上的圖像時，你認為電腦螢幕或手機螢幕是理所當然存在的，然而，如果沒有螢幕作為投射圖像和其他資訊的背景，你就無法與你愛的人、與這個世界保持聯繫；同樣的，儘管你知道沒有空氣你是無法呼吸的，但你仍然會認為根本無需考慮空氣的存在，除非你被關在不通氣的房間裡（或者潛入海底），你才會注意到它的缺失；同樣，儘管沒有覺知力你就不會有任何體驗，這個世界對你來說也不復存在，但是，這裡的關鍵問題是（也是本書討論的關鍵點）：你完全沒有注意到覺知力，覺知力就是納斯爾丁這則寓言裡被忽視的驢子。

在你練習正念禪修時，你發現覺知力是一種功能，你有能力控制它，操縱它。與其讓它毫無目的、不自覺地從一個物件或主題徘徊到另一個，你可以有意識地集中它，就像集中一束光一樣，讓它從你的念頭到身體感知、到呼吸來去之間，循環往復。等你的正念禪修練習日趨成熟，你的覺知力就像肌肉一樣逐漸強勁起來（或者擴展這個比喻，像一盞逐漸變得明亮的燈），你思緒不斷的頭腦逐漸安頓下來，你可能會收穫所有覺知力訓練帶來的好處，然而，你很少能遇到一位老師可以指導你探索覺知力的本質，並請你「後退一步」，這一刻便是覺知力之光轉向它自身的時刻。

從念頭和感受的身分認同中脫離出來

透過練習正念禪修，你意識到你的覺知力與你的思維是分開的，否則，你無法覺知到你的念頭，事實上，關注你的念頭，而不把自己識別為念頭的能力，是正念禪修中最重要的一個益處，它能使你逐漸擺脫頭腦對你的控制。你越是關注你的念頭，你越能遠離它們，也越容易以一種和諧、適當的方式回應和反思它們，而不是像膝跳反應一樣對它們做出模式化回應，然後獲得必然的後果。

最終你會發展出我（和其他老師）所稱為的「敞開的覺知力」，一種內在的開放，對念頭和感受敞開，而不是馬上認同為它們。這種持續保持開放的覺知力的能力，是正念禪修練習中更加重要的一個階段或層面，你不再持續被你的心智控制，不再受它的支配，從而獲得了更多的自由。

但是在你練習正念禪修時，你通常會被教導，敞開的覺知力是一種功能，你需要透過勤奮的練習來維持它，如果你放鬆練習，這扇敞開的覺知力之窗將會逐漸關閉。然而，如果你認識到這種開放性不是一種需要維持的特殊狀態，而是覺知力的自然本質，會怎麼樣呢？如果你認識到它總是存在，只是通常被漫無邊際的念頭的雲霧所遮蓋，會怎麼樣呢？試想，當你在清晨睜開眼睛，你需要努力覺知到你周圍的一切嗎？還是在你睜開眼睛的同時，覺知力就已經在此，並已經開始運作？

冥想練習：進入閾限區

介於睡眠和清醒之間的間隙，是一個通往更廣闊的覺知力的天然入口。

當你在清晨醒來時，你還處在睡眠和清醒之間，你剛剛離開了夢境，但是，還沒有認同你的身分，還沒有開始計畫這一天的時候，你會注意到有一個短暫的間隙，這個間隙可能極其微小，但是如果你能夠注意到它，你就可以捕捉到它，並且延長它。

這個間隙有一種未知的特質，或許還帶著一種敞開和赤裸的感覺，它有點像閾限區，在這裡你還不知道你是誰或者你是什麼。你可能害怕這種開放性，並且急於回到已知區域去，與其在這時候查看手機或打開電腦來提醒自己是誰，不如靜靜躺著，對未知保持開放態度。

抵住再次成為一個人的誘惑，允許自己不成為任何人；允許你的頭腦裡沒有念頭、沒有陳設，直到身分感逐漸地滲透回來。注意在你的身分認同感和覺知力之間的空間，注意在一天中的其他時間裡，是否存在類似的間隙，一種你以前可能忽略的空白地帶，但現在你可以留意它、延長它，並繼續對這種開敞性保持開放的態度。

導入覺醒的覺知力

我在此講到的區別，可能看起來非常微妙，但是，卻有深遠的影響。如果你不需要維持開敞的覺知力，你就可以放鬆下來，順其自然，而不是把它作為一項技能來練習；如果它是自發存在、自行維持的，你就可以開始探索你與它的關係。正念練習中一個最主要問題是：頭腦可能會將其收為己用，進而把它變成一種腦力觀察練習、一種偽正念。一言概之，這種「正念」方法會變得費力和機械化，並破壞了你與生俱來的真實和自然的天性，而這恰恰是冥想的真正意義所在。

冥想練習：讓一切不加造作，如實如是（練習一）

你與生俱來的覺醒狀態，也就是覺醒的覺知力，它們如實地迎接客觀存在，不帶有抵觸或控制，你無法對覺醒的覺知力採用任何「作為」，但是，如果遵循這個冥想的指引，也許能夠讓自己放鬆下來，回到覺醒的覺知力。

找一個舒適的地方坐上幾分鐘，把你的注意力從思緒轉移到進進出出的呼吸上，現在，與其練習你早已習慣的冥想技巧，我希望你能安靜地坐著，讓一切如實存在。不要以任何方式集中注意力，或試圖操縱注意力，也不要跟隨你的呼吸，不需要刻意做任何事情，只是允許一切以它們的自然之態出現，不要試圖去改變、躲避或擺脫任何東西。

開始的時候，你可能會覺得這些指導莫名其妙，那是因為你太習慣和你的注意力一起工作。你在冥想中就像你在生活中一樣，你善於

「為」，而對「無為」卻不太熟悉。以天空為例，天空不需要做任何事情來容納飛機、鳥群或其他任何經過的物體，從自然本質上講，天空就是開放的、全包容的。

覺醒的覺知力的真實本質也是如此，因此，任何針對練習「開放」所做的努力，都只會使你遠離與生俱來的開放。當我說：「僅僅讓一切如實存在」時，你的頭腦把這當成了一個執行特殊任務的指令，而我希望你把這當成一個邀請，請你歇息在一直都存在的開放寬廣中。

你可以放下一切形式的努力或駕馭，允許覺知力自行發生，而不是練習正念注意力；你可以歇息在從未離開的、自然產生的觀察力中，而不是維持那個正在觀察的自我。就像是被雲層遮蓋的太陽一樣，覺知力也從未停止閃耀，你只需要看穿遮蓋著它的層層念頭、信念、身分認同和情緒。只要你不執著於舊的模式，你透過正念練習建立起來的、長久保持當下的能力，現在可以幫你穿透雲層。

但是，你為什麼要從已經練習了幾年或幾個月的正念禪修，轉移到這個完全不同的方法上呢？當然，如果你仍然喜歡慣用的正念禪修，並滿意它帶來的很多益處，你大概是不會轉移的，但是，如果你準備好超越正念，準備實驗一種可以帶來持久的平靜、快樂和幸福的、新的存在方式，那麼你可能願意去探索覺醒的覺知力。

覺醒的覺知力不是我的發明，也不是我的發現，它作為正念禪修下一步的自然承接，實際上也是正念禪修的最終成果，已經被傳播和教導了幾千年。目前大多數常見的正念禪修都出自於佛教，在佛教傳承中，覺醒的覺知力被稱為「大智慧」、本我、光明心或本心，被認為是最終的覺悟，也是唯一持久的圓滿來源。正如我已經闡明的，在一些至關重要的方面，它與正念注意力不同，最為重要的不同點大概是：覺醒的覺知力不是一種頭腦或心智狀態，就頭腦或心智狀態而言，無論有多麼崇高，它依然來了又走，而覺醒的覺知力存在於所有來來往往的狀態之前，它是存在的基礎，所有的體驗在此而生、在此消逝。正如我早先闡述的那樣，從這個方面講，它就像是空間或空氣，沒有它，體驗無從發生。這個背景覺知力是必不可少的，沒有它，任何東西都不會存在（如果你不相信這一點，你可以想像一下，你能想像得出一個沒有覺知的體驗嗎？體驗本身就是以覺知力的存在為先決條件的）。

我在這裡使用了兩個不同的術語，背景覺知力和覺醒的覺知力，原因如下：在絕對現實的層面上，覺知力是開放背景，一切都在此而生，不管你是否意識到它，它一直是一個既成事實。然而，在經驗層面上，覺醒的覺知力並沒有破曉而出，直到你認識到這個背景覺知力就是你的自然本性，事實上，它才是真正的你，才會有根本的轉變。這種轉變會從認識到覺知力是一種功能，繼而認識到覺知力是背景，然後，再認識到覺知力是你的根本性質，並且把自己識別為它，這便是偉大的宗師們所說的覺悟。只有這種轉變才能帶來最終的圓滿，因為這打破了你作為一個獨立的人的幻相，在幻相中，這個獨立的自我，不斷受到與自身格格不入的外部現實所威脅、攻擊、抑制、磨難。正如佛陀在幾千年前所教導的，這個獨立分離的自我幻相，以及這個幻相灌輸的貪婪、憤怒和無明便是一切苦的根源。只有當你看穿這個獨立分離的幻相，並且認識到絕對存在的非二元本質，正如釋一行禪師所稱的「互生互存」，你才能最終到達苦的盡頭，最終確保心的釋放。

從「裁剪狀態」中醒來

意識研究學者往往把冥想過程中體驗到的一些意識層面，視為意識的裁剪狀態，因為這些層面需要一定的努力去培養和維持，這與非冥想者通常的清醒狀態又有所不同。但是，正如我已經指出的，從這個意義上來說，覺醒的覺知力不是一種狀態，因為它不需要準備或維護，它總是作為每個體驗的背景而存在。就像是空白的螢幕，圖像在螢幕上播放，但螢幕不受影響、不受干擾。覺醒的覺知力是自如的開放空間，頭腦和心的狀態在其中往返起伏、盈虧圓缺，卻不留一絲痕跡在螢幕上。

從這角度上來講，大多數人其實生活在一種被裁剪過的意識狀態中，也就是說，一種被一生中積累的故事、信念、記憶和經驗嚴重改變和扭曲的意識狀態。用使徒保羅的話來說，我們「透過一層黑暗的玻璃」看這個世界，我們被頭腦強加的調控所遮蓋。這種調控透過過去經歷的創傷和痛苦、成功和造詣、失敗和愛的鏡片，來過濾眼前的每一種經歷和境遇，我們對生活的應對並非基於它的本來面目，而是基於我們過去的經歷，並想當然地認為生活必然如此。因此，我們從來沒有真正活在當下，我們生活在一個自己策劃的幻想世界裡，就像唐吉訶德一樣，我們把風車想像成巨人，立志與它一較高下。

舉例來說，你一早醒來，馬上開始擔心當天晚些時候與老闆的會議，你沒有享受清晨的鳥啼或咖啡的濃香，而是被思緒帶到了未來某個地方，盤算著你將在會議上的發言。基於過去與權威人士打交道的經驗，你認為自己將會受到某種程度的訓斥或批評，甚至在還沒有走出門口之前，你就已經感到害怕、羞愧和憤怒，等到了上班的時候，你已經非常不安，幾乎無法集中精力處理手頭的工作項目。而一切都還沒有發生！你生活在一個想像的世界中，一個被你的頭腦裁剪出來狀態，你蒙著習氣積累起來的面紗看待生活。

當你穿透這層調控你的黑暗面紗，清晰地看待生活，你就離開了被你的頭腦裁剪的狀態，回到你廣闊、清明的自然本性，這是你作為一個人與生俱來的權利。你不再持續不斷地想像自己被輕視或被威脅，並由此做出反應，而是如實地對境遇評估，應對當下的生活。與你在正念禪修中培養起來的開放的覺知力不同，這種開放性無法被「練習」，而是隨時隨地、近在咫尺。在禪宗裡，這種自然、無條件的開放性被稱為「初學之心」，它等同與偉大的禪師們完全覺醒的覺知力。你需要做的僅僅是發現它、識別為它，而不是培養它。

我現在不是在談論天真幼稚或愚昧無知，你當然可以從生活經驗中學到東西，並且有意識地把這些經驗應用到眼前的境遇中，但是，不要被這些經驗限制或扭曲你打開自己、活在當下的能力。這其中的區別在於，你是被心理上的條件反射所控制，還是有意識地運用你學到的經驗拓展自己。正如一句俗語所說：「頭腦是一個優秀的僕人，卻是一個糟糕的主人。」

這裡的關鍵問題是：「你是否在受苦？」持續的心理痛苦和各種形式的壓力（有別於身體上的疼痛）都完全是心理範疇，從來都不是由其他人，或外在事件、境遇所造成的。如果你面對生活時仍然纏繞糾結，那麼相沿成習的頭腦已經變成了你的主人，而最徹底、最持久的解決方法就是超越頭腦，獲得覺悟，在覺醒的覺知力中找到你的家園。

結語

就像我們看待空氣或空間一樣，我們也把覺知力視為理所當然的存在，儘管沒有覺知力，我們所知的世界根本就不會存在。覺知力是所有體驗的背景，是無限的開放，一切念頭、感受和感知都在其中起伏往返。直接法中的第一步，是認識到覺知力一直都在這裡，不需要你付出努力去維持；不要試圖保持正念，而是有意識地停落在覺知力中，由此，你就開啟了從正念禪修到覺醒的覺知力的轉換。

在下一章中，我會更加詳盡地闡述覺醒的覺知力，列舉出它的特質，並且說明它是如何為你所有痛苦和不滿提供了一個永久的解決方案，一劑所有病患的終極良藥。在一些傳承中，覺醒的覺知力被喻為滿足願望的聚寶盆，或者價值連城的珠寶，它們帶來的安寧於喜悅，是生活中的跌宕起伏無法摧毀的。也許這些比喻有些浮誇，但是，這的確是直接法的力量和承諾。

問與答

問：根據我的理解，在佛法中，正念練習可以作為一種方法來實現最深層次的智慧和慈悲，為什麼我們一定要超越它呢？

答：在大多數指向覺悟之路的傳承中，正念練習都只是一個跳板、一種前期練習，它要麼把你帶入更高級的練習，要麼帶入更直接的方法，通過語言教導或引導性探詢，使我們直接識別出我們的不二本質。例如，斯里蘭卡的德寶法師，在他的第一本書《觀呼吸：平靜的第一堂課》之後，寫了另一本書，《超越觀呼吸》，書中闡述了「禪那」（jhanas），也就是逐步深入的專注力和定力。

在東南亞的內觀法中，正念練習是更深層次探究的基礎，也為了獲得對現象世界無常、無質本性的深刻洞察。在藏傳佛教中，正念練習之後可能會有觀想練習、直指心性教法（由老師直接傳授），或旨在解構獨立自我幻相的冥想。本書中提供的練習和指點不要求有正念禪修的經驗，但是定期的冥想練習可以奠定一個良好的基礎，因為你已經知道如何保持當下、如何專注。

如果你想達到最深層次的智慧和慈悲，到了一定的程度，你可能需要超越正念禪修。但是，如果你很滿意正念禪修帶來的益處，並且認為沒有理由去超越它，那麼，只要你願意，你完全可以繼續練習。只是要注意第一章中所描述的陷阱，並記住，當你想進一步探索時，你還有其他的選擇。

問：在你的見解中，覺醒的覺知力不是一種狀態，而是一個持續不變的，所有狀態的背景。同時你也說到，我們可以離開它，然後再返回到它。如果它不是一種頭腦和心的狀態，為什麼它一直在變化？在我看來，這似乎是一個語義問題。

答：讓我們回到太陽的比喻上。在西雅圖的某些日子裡，你可能根本看不出有太陽存在，但是，你知道即使雲層遮蓋住了太陽，太陽依然在閃耀。同樣，覺醒的覺知力作為所有體驗的寂靜背景，始終存在，始終不變，但它可能被思緒的雲層遮蓋。一旦你瞥見了覺醒的覺知力之光芒，你會毫無疑問的確信，當你讓雲層散去時，它總是在這裡，最終，你會在無條件的開放中停留更久，也更加持久地保持當下一刻。覺醒的覺知力本身不增不減，不生不滅，唯一盈虧圓缺的是你的徹見的清晰程度，正如隨著雲層的移動，我們看到的太陽也會隨之變化一樣。

問：你似乎在暗示，正念練習對最終的覺悟是沒有必要的，但是，每一個傳承中偉大的老師都強調冥想、祈禱和自我探詢練習的重要性，不然，我們豈不是要在同一個錯誤上重蹈覆轍嗎？

答：練習不是必須的，但它們肯定會有所幫助，即使是本書闡述的直接法也是如此，只要你把它們當作實驗或探索，並投身其中，它們會揭開早已在此，卻沒有被完全識別出的深層存在。在這幾章中，我提供了直接的提示和冥想引領，希望可以引發你即刻的明心見性，意識到這個深層的存在，即你原本的覺醒的覺知力之境。然而，如果你的練習只是為了打造某種心的狀態，想追求你不具備的覺悟或解脫，那麼，你其實在遠離你固有的光芒和圓滿存在。

如果你已經從直覺上對覺醒的覺知力有所感知，你可能會發現，這些直接的提示足以引發完整的覺悟。一位著名的老師說過，對於那些已經找到方向的人來說，僅僅聽到「做原本的你」，就能了悟到他們本自具足的覺悟本性；對於那些需要更多指引的人，他建議自我探詢和祈禱。只有你才知道什麼樣的練習和技巧適合你，建議你親身試驗，選擇最有共鳴的方法。

第 3 章

SMUGGLING DONKEYS

靈丹妙藥

在如如不動的覺知力中安住下來，才是最好的靈丹妙藥。我們放鬆在這純淨質樸、無束縛、不生不滅、無瑕的寧靜中，絲毫不費力、不掙扎，帶著持續不斷的和諧；在這種和諧中，目無差別，而心也不再把自己物化為一個分離的個體。

——藏傳佛教老師，龍欽巴尊者

佛陀通常被認為是一位開創性的精神導師和世界主要宗教之一的創始人，但是在他自己開啟的傳承中，他被稱為「偉大的醫生」，因為他診斷出了人類的病症，並且提供了解決方法、補救措施和治癒方法。你不必成為一個佛教徒，也不必對佛教有任何興趣，就能領略到他對人類狀態的評論。

儘管早年的佛陀身為一位王子，過著備受呵護的生活，但他還是被發生在身邊的疾病、衰老、死亡深深困擾著，他決心要找到一條出路，在經歷了多年的苦修和深入的冥想後，他得出一個結論：我們之所以受苦，是因為我們貪戀無法擁有的，同時抗拒我們所擁有的，也就是執著和嗔恨雙重衝突。從根本上講，我們一直都在與事物存在的方式相抗爭。此外，他還覺悟到執著、嗔恨和無明是基於一個根本的幻覺，即認為我們自身是一個個實實在在的、獨立的、孤立的自我，我們生活在一個物質世界中，並且我們認為，這個物質世界不斷地威脅要削弱我們、摧毀我們。佛陀發現擺脫這種痛苦的唯一途徑，也是通往快樂的必經之路，就是從「我們是一個獨立自我」的幻覺中醒來，並且認識到，我們與所有的生命相互依存，確切地說，認識到萬事萬物的一體性。

實現這種覺悟的其中一個途徑，是把正念禪修當作一個有力的工具，用它穿透層層幻相，揭示出存在的核心本質：非永久性和相互依存性。另外一個途徑，是繼佛陀逝世之後，又過了許多世紀才出現的，那就是不僅要直接覺醒到非永久性和相互依存性，還要覺醒到一個持久並囊括一切的基礎存在，這個基礎存在既是空性的又是永恆的；它無法被定位卻又無處不在；它既無限寬廣，又深具慈悲。當這種基礎存在從人類個體層面上顯現出來的時候，它被稱為意識、真我、佛性或覺醒的覺知力。

儘管這種方法可能聽起來很抽象，難以捉摸，但它實際上完全切實可行，並且可以親身體驗。換句話說，正如所描述的那樣，這種方法可以提供持久的圓滿，只要我們準備好去認識它，它所指向的覺醒的覺知力是觸手可及的。在這一章裡，我會以通俗易懂的方法講解覺醒的覺知力，闡述它的主要特徵，並且提供一些練習，使你有機會親身瞥見它。講解的目的不是為了讓你的頭腦裡裝滿各種修行術語，而是提供直接的指向，讓你超越苦，直達你自在、快樂的自然之境。

冥想練習：化作覺知力歇息下來

這是另外一個，讓你歇息在一直都存在的覺醒的覺知力中的練習。

放鬆自己，坐下來幾分鐘，把你的注意力從思緒不斷的頭腦，轉移到呼氣與吸氣上。現在，我希望你能安靜地坐著，讓一切如實呈現，而不是去練習你早已熟知的冥想技巧。不要以任何方式集中你的注意力，或操縱你的注意力，不要跟隨你的呼吸，不要做任何特別的事情，僅僅讓一切如實存在，而不是試圖改變、逃避或擺脫任何東西。

我們的注意力通常專注在客體上，並對客體加以注釋，從而創造出一個內心世界，而這個內心世界的意義與實際境遇幾乎沒有關聯。放下捕捉客體的習慣；放下對客體的評判和注釋的習慣；退回到覺悟力本身，放鬆自己，像寬廣、無條件的覺知力一樣輕鬆自如地存在，任由各種體驗在其中往返穿梭。覺知力的本質就是如如不動的當下寂定，無為而存，毫無造作地擁抱一切，讓一切如實如是。

讓自己成為這種寂定、寬廣、毫無造作的覺知力，或當下一刻休憩下來，不要爭取什麼；不要控制什麼；不要打造什麼；不採取任何行為，化作覺知力，讓一切呈本來面目，僅此而已。

什麼是覺醒的覺知力？

正如我已經闡述過的那樣，覺醒的覺知力是所有體驗的背景，它是不變的、自給自足、永遠存在的。因為它就是你的自然本質，是你作為人類與生俱來的權利，它與正念禪修不同，不需要塑造或維護，你僅僅需要輕鬆自如地回到它這裡，並且認識到它。實際上，它總是通過你的眼睛觀察，通過你的耳朵傾聽，你只是對它沒有任何認知，就像你忽略生存的空間，忽略你呼吸進的空氣那樣。

當你歇息在（並且成為）覺醒的覺知力的時候，你戴著濾鏡看世界的習慣方式會消失，你會透過清新的，未加過濾的眼睛和耳朵，生動而清晰地體驗生活。這種新的視角不僅會令人蓬勃興奮，也可能會讓人有些不安或不知所措，至少在一開始的時候是這樣的。畢竟，你已經花了一生的時間，以因循守舊、墨守成規的方式體驗自我和他人，現在，面紗已經被揭開，你以直接、鮮活、未加過濾的方式面對生活，這種新的視角很少會立即牢固地確定下來，但是，你越是安住於這種空曠的、無條件的覺知力或當下一刻，你越是能夠體驗到下面一些我將要闡述的特性，我在這裡做一個簡要的介紹，我將在隨後的章節中詳細討論。雖然我把這些特性分開闡述，但這並不意味著它們是清單上的各個單項，它們更像是一顆鑽石的不同切面，一旦你找到了覺醒的覺知力，無需費力，這些特性將以不同的面貌顯現出唯一真實的存在。

冥想練習：將覺知力擴展到身體之外

這個練習直接運用感官體驗，使你對身體界限的認同感得以釋放，從而向無邊界的覺知力打開自己。

找一個安靜舒適的地方坐上十幾分鐘，做幾次深呼吸，讓你的注意力從想法和感受上，轉移到你的身體在空間中的感覺，比如，你的腳與地板的接觸；你的後背和臀部與椅子的接觸；進進出出的呼吸。

尤其要琢磨你的身體邊緣與周圍環境交匯處的感覺，體會身體的輪廓線、重量、溫度，在你探索的同時，特別要注意，你是否能找到一個明確的分界線或邊界，你的身體在某個邊界戛然而止，外部的世界由此陡然而起？

觸覺是否發生在你的體內，聲音是否發生在體外？還是它們發生在同一個連續的、流動的空間？「你」是在你身體裡的某個地方，還是身體的體驗發生在「你」之中？

現在，讓你身體裡殘留的任何邊界感，都溶進你周圍的空間中，讓這個空間持續地無限擴大，盡情敞開；讓這個空間遠遠超越你的身體邊界；讓這個空間囊括所有的聲音、氣味、物體、他人，一切都發生在這個無邊無際的空間裡，沒有邊緣，也沒有中心。

當你允許自己溶進這個空間時，作為一個分離的、獨立的個體感覺發生了什麼變化？你現在在哪裡？你在哪裡停止？世界從哪裡開始？成為這個無限的空間，安住下來，沒有邊緣和中心。

自我和他人，內在和外在從未分離

你是否曾直接通過感官體驗，探索過你身體的邊界，以確定你在哪裡結束，外部世界從哪裡開始？如果是這樣，你就會意識到，所謂邊界，最多只是一種彌散性的感覺，沒有了附加上的念頭和註解，往往很難分辨什麼是發生在裡面的，什麼是發生在外面的。在覺醒的覺知力中，你意識到你就是這個無垠的空曠，這個覺醒的、具有覺知的空間，一切由此而起，換句話說，一切都發生在你之內，而不是你之外！同時，你也無法忽略，你是一個包裹在皮膚裡的人的事實，你需要避開高溫物體，過馬路的時候要當心，這兩個層面是同時存在的真實。

一方面，日常生活中的個體感使你在相對層面保持安全，另一方面，覺醒的覺知力揭示了，你與宇宙中的萬事萬物息息相關，甚至可以更準確地說，你就是這個不可分割的空間，萬物在此融為一體。不管你是否相信，以這種開放、寬廣的視角來運行你的生活是可能的，事實上，當你不再與「外部世界」相抗爭的時候，一切運行起來會更加流暢，更加和諧，你會體會到從未有過的圓滿；你生活得會更加安詳、輕鬆、踏實、有歸屬感，而不再是恐懼、憤怒、猜疑、對抗；你不再感到隔閡和疏遠，你對所遇到的每件事、每個人都有一種深刻的親切感、親密感，這不再只是「形而上」，而是你切切實實的體驗。

沒有中心，沒有邊緣，沒有自我

當外部和內部之間不再有明顯的分界，作為一個獨立的個體，一個有限的小我，以特定位置為中心的習慣性視角也會消失。如果你仔細觀察，仔細探詢，你會發現，你所認為的這個獨立又牢固的自我，實際上是一個由念頭、感覺、記憶、各種故事和各種信念鬆散地拼湊起來的、不斷變化的集合，它們被自我指代性的想法黏合在一起，比如「這些是我的，它們都屬於我」，但是，這些想法的歸屬者在哪裡？一切似乎都顯而易見地指向一個中心，那麼，這個中心在哪裡？

覺醒的覺知力以一種擴展的，整體的，囊括一切的視角為這個問題提供了答案，在這種視角中，這個顯而易見的中心消失了，一切事物以它們的原貌得以安頓下來，而不是被標註為如何有益於，或如何威脅到這個獨立的自我。不僅如此，覺醒的覺知力賦予了這樣一種認知：通過這雙眼睛正在看的那個人，以及被這雙眼睛所看到的東西，也就是所謂的主體和客體，只不過是同一個無限的、純粹的、不可分割的源頭的不同展現，而這個源頭的本質是覺悟的、光明的，並充滿著愛。

冥想練習：探究念頭的本質

你可能認為你知道什麼是念頭，但是，你真的知道嗎？你可能從書本上學到，念頭是大腦中神經衝動產生的結果，但是，你對念頭的直接體驗是什麼？

安靜舒適地坐下，讓自己安頓下來，花幾分鐘感知進進出出的呼吸。

現在把你的注意力轉移到你的念頭上，停留片刻，開始觀察，它們主要以視覺為主還是以聽覺為主？換句話說，你是傾向於聽到你的念頭還是看到你念頭？還是兩者兼而有之？你的念頭有顏色嗎？有形狀嗎？有大小嗎？有密度嗎？它們位於什麼地方？它們是發生在你的大腦內部還是外部？或者發生在你身體裡的其他地方？你的念頭從哪裡來？當它們不再存在時，它們去了哪裡？

現在，仔細觀察，你會發現每一個念頭都會參照另一個念頭，無論是參照關於過去的，還是關於未來的念頭，無論是關於他人的，還是關於自己的念頭，所有的念頭都在一個龐大、錯綜複雜、相互關聯的思緒網路中，持續不斷地交換、參照，而感受也形成一個類似的自我參照網路系統。但是，這些念頭和感受所參照的一個內在的、牢固而獨立的人在哪裡？你能找到它嗎？也許這個表面上看起來獨立的人，只是一個更多的念頭和感受的集合，不斷地轉移和變換？你的直接體驗是什麼？

問自己：「是誰，或者是什麼，意識到這些念頭和感受？」你能夠談論你的信念，你的感覺，你的記憶，你的想法，因為它們都是你所體驗到的客體，事實上，你通常所認為的「自己」只是這些客體的集合而已，你能夠找到那個意識到這些客體的人嗎？那個終極的主體？這個主體能否成為你體驗的客體？

一切皆圓滿，一切皆有意義，如實如是，唯此存在

當你認識到內在和外在，只是同一個不可分割的存在的兩個方面之後，

你自然而然地會意識到只有此時此刻存在，過去僅僅是一段記憶，未來僅僅是此時此刻升起的念頭。如果你試圖指出某個存在於此時此刻之外的東西，你會發現，任何你能夠識別出的東西，實際上都只能在此時此刻中呈現。甚至是你認為的最有意義的成就，和最為珍視的身分也同樣如此，你當然可以把這些都列在簡歷上，或者張貼在社交軟體上，但是它們除了能夠作為一個故事，或一個想法，或一個圖像在此刻出現之外，它們實際存在於何處？即使是當下這一刻，當你試圖去抓住它的時候，它也無法被把握，它從你的指縫中滑落。

一旦你徹底覺醒到這瞬息間的獨特與珍貴，你會以某種遠遠超出理性認知的，神祕莫測的認知方式，認識到所有正在展現著的一切，不僅僅是獨特的，並且本質上是完整的、有意義的、完美的，即使它們帶著所有顯而易見的殘缺。（用一句名言來概括：它是獨一無二的，所以也是無可比擬的。）

這些特性與兩元對立的特性毫無關聯，比如完整與不完整、完美與不完美、有意義與無意義，恰恰相反，無論每個人和每個事物看起來有多大的缺陷或問題，它都是完美的，因為它就是它，它不可能是其他的樣子，並且它散發出存在本身的完美本質。作為對這種覺醒的自然反應，一種混合了愛、神往、感恩、喜悅的微妙情感渾然而生，在猶太教和基督教的傳統中，這種對上帝的完美創造所產生的敬畏感，通常是留給天使的，但實際上，人類是可以透過覺醒的覺知力獲得這種情感的。

冥想練習：在當下一刻，有任何東西缺失嗎？

這個練習讓你以全新的目光看世界，跳出概念化的沉積，瞥見與生俱來的完美。

用五分鐘的時間做這個練習。首先，安靜地坐下來，把注意力轉移到呼吸的起伏上，感受呼吸時起伏的胸腔和腹部，留意你的後背和腿部，靠在椅子上的感覺，留意你的雙腳放在地板上的感覺；注意你周圍的聲音以及身體內部的感覺，讓自己放鬆在眼下的這一刻，不要努力，不要爭取。

現在，用下面的問題向自己提問：「在不向頭腦詢問的情況下，也就是說，如果不去參照我的想法、記憶、信念、感覺或計畫，在當下這一刻，有任何東西缺失嗎？」把可能出現的任何念頭都擱置在一邊，再問一遍這個問題。你能夠找到任何東西，是不涉及念頭而缺失的嗎？你發現了什麼？

沒有努力，沒有掙扎：生命通過你得以展現

當你不再認為一切都圍繞著你，你就會停止在生活中奔波，取而代之，覺醒的覺知力作為存在的完美展現，以容納一切的視角擁抱每一個瞬間；你不再為了獲得你的安全感和舒適感，無休止地與現實博弈，取而代之，你以一種直覺性的舞動，與不斷流動的生活交融在一起；你不再把自己想像成一個編舞師，而是意識到，你既是其中一個舞者，而在更深層面上，你又是舞蹈本身。你的角色不是把你的動作強加給其他人，而是在舞蹈中找到自己獨特和合適的位置。

在我們以成敗論英雄的文化背景下，我們從小被教導，要專注於你想要的東西，並且努力讓現實滿足你的願望，而不是仔細傾聽正在穿過你的生命之河，允許它把你帶去它想去的地方。實際上，最終，你會意識到，你根本無法掌控自己的生活，而是你被生命所左右。但這並不會讓你感到「失

控」，因為你知道你和生命不可分割，你相信它有自己更加深層的意義和目的，而這是你的理性思維無法理解的。

有即是空，空即是有，空有同時

從覺醒的覺知力的整體視角來看，你認識到你既與萬事萬物密不可分，同時你又是這個獨一無二的身心，行進在時間和空間中，你有個體的喜好、能力和特質。你如同生活在剃刀邊緣，生活在相悖而純粹的當下之中，在這裡，存在化作形色，空性生出萬有，無相現出諸相。

因為你知道你就是這個「空」，一切在此展開，你再也無法完全把自己識別為這個「小我」，然而，你仍然帶著呵護和慈悲，把你曾經當作自己的這個人，安放在無垠的、包容一切的當下之中。作某個人、不作任何人，卻又是萬事萬物，完美地交織在一起，相互支持（覺醒的覺知力的偉大奧祕之一）。事實上，這種對存在本質更深層的認同，在各個層面上都影響和滲透著你的想法和行為，這使你隨著生命之河順勢而流，並使你對遇到的每個人擁有的經歷，產生深刻的同理心和親近感。

真實滲透在每一個層面；對日常生活做出恰如其分的回應

當你帶著覺醒的覺知力所散發出的清晰明淨，以及慈悲心，走進生活時，你會發現，你想要遵循事物本來面目的決心，比對任何一個堅守老生常談的觀點，或視角的決心都強大的多。因此，你逐漸地放棄任何想要欺騙自己和他人的企圖，不管是多麼微妙的欺騙；你相信真實使你與生命之河同步，而不是讓你與生命的原本模樣格格不入。當你不再處於想像中的那個自我的緊繃狀態，而是向無邊無際的覺醒的覺知力敞開自己，你自然而然地從整體著眼，而不是選擇僅僅有益的一部分。在每一個層面都能夠保持真實，不再是一個你必須做出的選擇，它變得無法抗拒，就像是每天早上必然睜開眼睛一樣。

你站在覺醒的覺知力的視角回應他人和各種境遇，你的回應將會是開放的，毫無糾結的，並且擺脫了固有的觀點；你對這一刻的回應是恰如其分的，因為它們是對當下本身的充分認知中自發產生的，而不是來自於獨立自我的自我謀利戰略。你不再為了你認為自己想要的東西，而苦苦掙扎，而是以樂在其中的態度，看待生活所賦予你的一切，因為你知道生活所賦予你的，正是生活所需要的。因此，你習慣性的壓力、掙扎、焦慮、抑鬱逐漸地轉換為輕鬆、安然、感恩和喜悅。

難以言說的奧祕

覺醒的覺知力既是我們的自然之態，也是存在的本質，它的神聖和純潔難以言說，它超越了我（和任何人）徒然地調用各種語言所做的任何描述。無論你的探詢有多深，你永遠無法探測到它的深度，因為它永遠不可能成為「被瞭解」、「被知道」的客體，恰恰相反，它是最頂端的知者，是一切客體的最終主體，它是無限的，無法被定位，無法被捕捉。你永遠無法知道它，因為你就是它，你只能有意識地把它作為自己，也就是說，有意識地作為覺醒的覺知力安住下來。

與此同時，因為它是如此深奧，你永遠無法聲稱你擁有覺醒的覺知力，你永遠不能像在履歷表上添加的其他成就那樣擁有它，即使修行者在興奮地發現它的時候，你也無法說你獲得了成就。比如，你不能在說「我是覺悟的」的同時，又能自圓其說，因為覺悟意味著，你已經認識到那個獨立的，那個聲稱獲得覺悟的人，僅僅是一個幻相。相反，你認識到，這個你以為的自己，這個以為自己具有事物所有權的他或她，實際上只是覺醒的覺知力的一種表達而已，就像是海浪只是海洋的一種展現（並且與海洋不可分割）。如果你找到覺醒的覺知力，它不會給你帶來獲得成就的驕傲，而是讓你面對奧祕時更為謙卑和敬畏。

化作覺醒的覺知力安住下來

覺醒的覺知力是你的自然本質，然而，自相矛盾的是，這個始終透過你的眼睛觀察，透過你的耳朵聆聽的人，同時又是無限的、神祕的、無法捕捉的存在的本質。實際上，這個無條件的本質才是你的根本所在；才是你能夠存在的基礎；所有的故事、角色和身分由此浮現。

當然，除非是你自己意識到它們所指向的真實是什麼，否側，這些文字並沒有太多意義。一遍又一遍的閱讀「覺醒的覺知力是你的自然本質」，並不能帶給你快樂、心的平靜或存在的輕鬆，就像美食網站上令人垂涎的食品照片不能滿足你的饑餓感一樣。你必須要學會如何找到它，並有意識地安住其中，你需要一扇門、一種練習、一種途徑使你能夠在生活中實現它，並且允許它轉變你，讓它帶給你一直尋求的平靜和圓滿，但是，與正念禪修不同，你無法培養或逐步發展出覺醒的覺知力，因為它已經存在，並且總是存在，你只能識別出它，接近它並休憩其中。

結語

在這一章中我詳盡地描述了永遠無法真正被描述的東西，不要把它歸納、保存在你的記憶庫裡，而是把它作為指向覺悟之光的一系列指南。希望這些文字可以激發出直接的體驗，哪怕是一點靈光乍現，或者可以作為對你過去瞭解的東西的提醒。與需要打造或不斷保持正念不同，覺醒的覺知力每時每刻都可以毫不費力的獲得。在下一章中，我將繼續指引，並且提供找到它的方法，事實上，這本書只是各種形形色色的指南集合，以此邀請你把注意力轉向它自身，徹底從分離的夢中醒來。

問與答

問：我不明白從一個獨立自我的幻相中醒來有什麼意義，我的意思是，我覺得很真實，也很實在，正如我周圍的其他人的感覺一樣。這怎麼會導致我痛苦呢？

答：如果你相信，你是一個實實在在的、獨立的人；你相信，你被身心所限制；你相信，你的周圍是同樣實實在在、獨立的其他個體；並且相信，你內心的快樂和平靜，取決於這個獨立自我的生存維繫，取決於盡可能多地為自己和家人，積累物質上和心理上的幸福感，那麼，作為結果，你會持續不斷與他人競爭，為了你認為有限的資源，與這個物質世界抗爭。你可能會在一段時間內感到滿足，但是，當你沒有得到你想要的，或者你的需求沒有被感受到，你就會不斷地陷入不滿和痛苦中。

如果你是另外一種情況，你認識到這個獨立的自我，只是一個隨意的機制，認識到真正的你並非終止於你的皮膚，這會讓你與萬事萬物親密地互動，而不是彼此競爭，你生活在一個不分彼此的世界中，流動著愛、同情、分享、合作和互惠互利。你內心的快樂和平靜是無法被動搖的，因為，你為他人的快樂而快樂，你信任生活的展現，並對當下所帶來的一切都感到滿足。

有一個有趣的故事可以說明這種區別。想像一下，你和其他十幾個人共同坐在一張很長的桌子旁，你面前是一頓豐盛的飯菜，但是你唯一的餐具是一雙三英尺長的筷子，無論你如何嘗試，你都無法把食物送進嘴巴裡，你也不允許徒手吃飯，那你該怎麼辦？一種情況是，你一直處在沮喪和不滿的狀態，因為你一直試圖找到一種方法來餵飽自己，而另一種情況是，你與你的同桌合作，越過桌子互相餵食。當自我和他人之間的界限消失後，關心他人就意味著關心自己。

問：曾經有一段時間，我對你所描述的、與生俱來的圓滿非常著迷，並且我可以感到喜悅與美妙，但是當我的丈夫接受化療，幾乎無法進食的時候，或者當我們在股市下跌中，失去我們的積蓄時，我只能拼命的掙扎，苟延殘息，完全沒有什麼喜悅。

答：當生活相對平穩，帶著熟知的微微波瀾時，享受當下的圓滿要容易得多，當你在極端的生活環境下，生存狀態面臨被挑戰時，舊的習慣會開始介入，或者因為你疲於奔命，無法重新回到自然之態時，這個夢可能會突然又變得相當真實了，生活可以是非常無情的。只要記住，覺醒的覺知力是你的家園，不管你的心有多少波動，它總是安寧的，不受干擾的，它不像情緒那樣有盈虧圓缺的狀態，它是所有狀態的基礎，是當舒適、信仰、希望、能量、耐心、樂觀的態度，統統被剝奪之後剩下的東西。儘管它可能感覺很遙遠，其實總是近在咫尺，不管怎樣，它現在正透過你的眼睛看世界，它甚至經常在危機時刻，衝到前景中被你識別出來。如果可以的話，無論如何都要重新與覺醒的覺知力相連，如果做不到，請讓一切如實呈現，包括沮喪、憤怒、傷心、絕望、恐懼，歸根究底，一切都存在於非兩元的，覺醒的覺知力中，沒有什麼能被排除在外（有關如何與覺醒的覺知力相連或重新連接，請參閱第四章；與強烈情緒有關的內容，請參閱第七章）。

問：認識到覺醒的覺知力就是禪宗裡所講的覺悟嗎？

答：英文術語「覺悟」（enlightenment）背負了太多的文化內涵和歷史包袱，所以我儘量避免使用這個詞，比如，它可能誤傳達出一種超凡脫俗或完美神聖的感覺，讓它看上去遙不可及、高不可攀。在很多佛學院中，「覺悟」這個詞僅僅用於佛陀和其他可以持續不斷的，安住在覺醒的覺知力中的人。相比之下，在禪宗裡，這個詞被使用得更為寬泛，但是，仍然承認，在最終的突破之前，有一系列的覺醒體驗，才標誌著最終的覺悟。我更喜歡使用通俗易懂的詞來指代它，比如「識別」（realization）或「覺醒」（awakening）。我的一位禪宗老師曾經說過，沒有覺悟的人，只有覺悟的時刻。在任何情況下，你都不能聲稱自己是覺悟的，因為覺悟意味著，你已經認識到沒有一個獨立的自我可以聲稱覺悟。

問：在覺醒的覺知力之外，還有其他的層面或階段嗎？就像覺醒的覺知力是正念之外的一個層面？

答：實際上，覺醒的覺知力不是一個層面，它是你的本質，是在你的父母還未出生之前，你的本來面目，這個無限的、無條件的開放總是透過你的眼睛看世界，透過你的身心體驗生命。你對覺醒的覺知力的認識可能會逐漸加深，你對獨立個體身分的認同感也可能會逐漸消失，你安住在覺醒的覺知力中的能力也可能更加穩定，但是，覺醒的覺知力本身永遠都不會改變，也不會借由高低分類而改變。正念之外是無邊無際、無高無低、無深無淺、無質無量的純粹的覺知力，純粹的存在。

第 4 章

WHEN AWARENESS AWAKENS TO ITSELF

當覺知力從夢中醒來

我活在荒誕的邊緣，
尋求答案，
叩問一扇門，門開了，
原來，我一直在門裡叩問。

——哲拉魯丁・魯米（Jelalludin Rumi）

常規的正念練習教你如何對待念頭、感受以及其他體驗，而不是認同它們，或將它們轉化成行為，透過培養一種不執著於客體，或體驗的寬廣的覺知力，讓你逐漸從頭腦的制約中擺脫出來，即使是習慣性的思維模式和感知模式不斷湧現，你也不一定會被它們誘惑。

但是，僅僅依靠正念練習不能產生穩定、持久的平靜和喜悅，因為它是一種你認為必須要培養、維持和保護的心理狀態。基於這個原因，很多正念禪修的練習者越來越依賴於他們的冥想練習，只要是心開始波動起來，他們就會覺得需要再次回到冥想練習，好讓心平息下來。就像其他心理狀態一樣，保持正念不是永久性的，它的來去取決於你練習的力度和持續性，如果你懈怠了，你的正念狀態會消失，你將再次跌落到負面情緒的深淵。

實際上，每一次你認為你的心需要被安撫和平息，或者負面情緒需要消除，都是基於你對「心的理想狀態」的一種預定標準，而這個概念恰恰說明了正念禪修法和本書的直接法之間一個最主要的區別。從沒有任何制約的覺醒的覺知力的角度來看，每一個念頭和感受的湧現，不管看上去是多麼負面或多麼刺耳，都可以以它們的「本來面目」得到接納，正是這種接納展示出了一種寂定，一種即使是最混亂的體驗，也無法被打擾的寂定。通過對心理狀態的毫無偏愛，也就是說，並非喜歡所謂正面的就勝過所謂負面的，覺醒的覺知力從二元化的思維方式中跳出，完全涵蓋了生命的豐富性和複雜性。

然而覺醒的覺知力不是一個可以培養而成的狀態，而是你的自然本質，它總是存在並且已經存在，只是需要被認識到，並且返回到它這裡。

把自己從觀察者的陷阱中解脫出來

儘管正念禪修有諸多好處，但是有一個不能忽視的缺點：它使主體與客體的分裂持續加劇，這種分裂產生在一個保持正念的人、一種保持正念的行為，與正念所關注的客體之間，也就是說，無論你把正念練習得多麼出神入化，但是，總有一個「你」，把正念當作一個與你分離的客體來練習，因此，本應透過正念來消除的分離感反而被強化了。這一點非常微妙，在早期的練習中這並不是特別重要，但是，當你的練習逐漸深入，最終會發現自己陷進了一個「觀察者」的視角，不知道該如何從中掙脫，你越是練習正念，你陷得越深。「觀察者」變成了你的另一種身分認同，或者另一種視角，你最終必須把它們放棄。

只有當你認識到覺醒的覺知力不是有來有往，而是作為總是存在的背景，並且是一切體驗的根本所在，你才能從這個「觀察者」的陷阱中逃脫出來，找到你一直尋求的、持久的平靜和快樂。覺醒的覺知力也被稱為意識、永恆的覺悟、純粹的當下、真如本性、本我（the I am），它不會加劇分裂，因為它與它所覺知到的客體沒有分割，它也不會偏愛一種體驗而冷落另一種，因為它存在於所有念頭和行為之前，所以它無法被創造、被操縱、被撰寫或被維護，你只能識別出它，讓你自己融入於它，最終你會意識到它就是你。矛盾的是，如果你想進入正念禪修所指向的自在和快樂，你必須放下正念禪修所要求的練習，讓自己掉進覺醒的覺知力中。

然而，與有條不紊地學習和練習正念不同，通往覺醒的覺知力的道路往往更加透迤，更帶有信手拈來的偶然，也更具有獨特性，也就是說，它往往因人而異，沒有普遍適用的指南或可以參照的里程標示。同樣矛盾的是，與循序漸進的練習和逐步訓練的方法相比，它往往又被稱為直接的道路，因為它的確清晰而毫不含糊地指向心的本質，指向我們本自具有的覺醒的覺知力的狀態，引發豁然了悟，無需鋪墊或準備。

與此同時，從修行者的角度來看，很可能覺得這條探索之路更加含蓄，更像是碰運氣，沒有正念禪修所帶來的令人滿意的成就感。你可能安靜地坐在那裡，聆聽教法、陷入思考和探詢，卻沒有任何取得進步或獲得改善的感覺，直到你突然間捕捉到覺醒的覺知力的乍現。作家史蒂芬・雷（Stephen Levine）文稱之為「沒有圍欄的懸崖步道」，因為這條路上沒有任何地標或任何構造來支持你。傳統上，這樣的了悟是透過老師與學生之間，面對面地親密交流和探詢來實現的，我提供一些類似的深層交談的課程和閉關，對此有興趣的學生，可以以個人或團體的形式參加。對於那些無法在自己身邊找到老師的人們來說，你可以利用直接法中的一些練習來揣摩、推敲，找到能夠開啟的大門，一旦大門打開，你將會進入一種全新的存在方式。

體驗圖像與背景之間的切換

對覺醒的覺知力的識別，往往會伴有一種突如其來、出乎意料，有的時候甚至是令人震驚的圖像與背景的切換。上一秒，你還把自己當作一個分離的個體，一個以頭腦為中心的身分定位，過著慣常的生活，下一秒，你領悟到你是無邊無際的開放性，這個看起來獨立的人，以及對所有其他客體的體驗，都存在於其中。從把自己當作一個擁有個人歷史的身心結構，並想像這個身心結構的未來，切換到領悟自己是無實體的，卻又是無所不在的覺知力，並領悟到生命以某種神祕莫測、難以捉摸的方式在其中展開，這完全顛覆了你的宇宙的中心，事實上，你可能完全失去了自己的中心，你再也無法用你以前的方式經歷生活。

儘管這種切換聽上去像是一種神祕的體驗，或一種對更為精神層面上的存在本質的窺見，但它實際上揭開了存在本質自身的面紗，這是一種非常深刻的洞見。正如幾個世紀以來科學家們利用客體來進行科學實驗的方法，逐漸揭開宇宙的奧祕，冥想者、瑜伽士以及智者也是如此，他們使用相似的科學方法，他們利用主體來探索存在的形而上學基礎。正如物理實驗和化學實驗一樣，這些練習和冥想具有可重複的結果，儘管有些練習和冥想對於某些特定個體更有效果。選擇那些對你更有效的練習，全心全意地認真練習，你最終會領悟到那些走在你前面的大師們所領悟到的東西。在這一章裡，我會介紹一些你可以自己實際體驗的實驗和一些指導方向。

穿過無門之門

直接法的核心中隱含著一個悖論：我怎麼可能成為我已經是的樣子？如果覺醒的覺知力已經作為你的自然本性存在，並且無法透過培養而成，也無法透過勤學苦練獲得，那麼，為什麼一定要用各種方式接近它，或者成為它呢？為什麼不能任由它去？這是因為，你雖然在事實上已經是覺醒的覺知力了，至少本質上是這樣，然而，你仍然繼續承受痛苦，原因是，你不能有意識地領悟到你究竟是什麼，很顯然，你需要有所行動，以某種方式改變你的視角，讓自己能夠與自己既有的模樣協調一致，也就是說，你需要有意識地成為它，也就是說，覺知力必須自我覺醒。

在禪宗裡，「既已是它，卻不認識它」的悖論被稱為無門之門。你發現自己站在一扇大門之外，這扇門似乎把你與存在本質的基本真實性分離開來，於是，你嘗試一切可能的方法來打開這扇門，當你終於到達大門的另一邊，找到了你一直以來苦苦追尋的，你才領悟到，原來那扇門只是你的想像，你從未站在門外，一刻都沒有。但是，如果沒有這些探索和推敲，沒有安靜坐下來，沒有探詢內心，你也許永遠都不會意識到那扇門其實不存在。

我這裡提出的任何一種描述和任何一種解釋，都無法為你破解這個悖論，只有你直接的、即刻間的體驗才能為你打開這個結，這一章中的練習，讓你親身走進無門之門。

如實迎接

由於覺醒的覺知力對一切都沒有贊成或反對的意見，所以它迎接一切事物的本來模樣，不帶有任何評判或附加解釋，你可以透過安靜地坐下來，以一種不加評判的迎接方式，對存在的本質敞開自己。這種方式的風險在於頭腦。頭腦是一個技藝精湛的模仿者，它可以惟妙惟肖地模仿出擁抱一切的心態，看上去是毫無條件的敞開，但實際上卻隱藏著評判，仍然抱持局限性的觀點。解決這個問題的訣竅是：停止控制你的注意力，允許注意力自行運作，頭腦不加以干預。從某種意義上說，你只有成為一個失敗的正念冥想者，才能超越正念，也就是說，你的正念必須要讓位，並且自然而然地敞開，才能揭示出先於正念的無制約的開放。任何試圖做出迎接的樣子註定是行不通的，這只會讓你陷進不斷的努力之中，而這與無條件、無限制的開放毫無關聯。

如果這項任務聽上去很難對付，很微妙並且（同樣也是）自相矛盾，那麼，你走在正確的道路上了。正如《道德經》中偉大的智者——老子所說，你必須學會「無為」，覺醒的覺知力才能夠綻放。安靜地坐著可以引發向「無為」的轉換，只要你放棄想要藉由培養某種特定狀態來達到某個目標，或完成某件事情的習慣性嘗試，即使是嘗試獲得更深層的當下和寂定的心的習慣也要放下（就像你可能已經注意到的那樣，當你努力讓心沉靜下來的時候，你其實是攪動了水面，激起了更多的漣漪）。放下你的正念禪修，讓一切不加修飾地存在（更多關於「不加修飾地存在」的指導，參見第三章）。

心如天空

就像我在前幾章中提到的，你的本質是開放的、覺醒的、無添加的覺知力，它就像天空一樣，它不需要任何努力，也不需要任何嘗試，就能在其無限的懷抱中，不帶任何評判和分別來迎接一切。迎接是天空自發的、毫不費力的本性，飛機、鳥群、跳傘者和氣球不需要請求天空敞開，允許它們飛過，許可是一直都被授予的，天空只是接受它們，而不會受到任何干擾。

同樣的，當你不再努力保持正念，你安靜地坐下，想像自己就是沒有中心或邊界的天空，念頭、感受、圖像、記憶以及評判，都在覺醒的覺知力的無限當下之中來來往往，從本質上來說，覺醒的覺知力才是你，一切都發生在你之中！隨著理解的深入，你從正念練習轉移到休息在寬廣的覺知力中，認識到這種天空般的開放正是你的根本所在，最終的了悟，是認識到你是這開放、無限的空間，同時，從這個空間中升起的一切又與你密不可分，這標誌著覺醒的覺知力的完全綻放。

冥想練習：一體化的覺知力

大多數情況下，我們的覺知力集中關注在某個特定的客體上，但是，覺醒的覺知力是一體化的，正如天空那樣。

花幾分鐘的時間讓自己安穩地坐下來，把你的注意力從思考的頭腦轉移到起伏的呼吸上，現在，我希望你能安靜地坐著，讓一切順其自然，而不是去練習你早已熟知的冥想技巧。不要以任何方式集中注意力或操控注意力，不要跟隨你的呼吸，不要採取任何行動，僅僅讓一切自然而然地發生，不要試圖改變或逃避任何正在發生的事。

花上五分鐘左右的時間，讓自己化為這種寂靜、開放、無制約的覺知力，或者說當下一刻。無需努力獲取，沒有精心策劃，僅僅是「無為」，讓一切如實如是。

現在，想像這個空間就在你的身體正前方，你面前的物體無法干擾到這個空間，感覺自己進入到這個空間，在你呼吸的同時，允許你的覺知力擴展到這個空間裡。

現在，想像這個空間在你身體的正後方，你背後的物體也無法干擾到這個空間，感覺自己進入到這個空間，在你呼吸的同時，允許你的覺知力擴展到這個空間裡。

現在，用同樣的方法，感受這個空間在你的身體右邊，然後感受它在你的身體左邊；感受這個空間在你的身體上方，然後感受它在你的身體下方，從每一個方位感受這種寬廣的、無所不在的開放性。它是具有意識的，還是不具有意識的？它是有限的，還是無限的？它有一個中心嗎？它從哪裡開始，它又從哪裡結束？它是拒絕一切，還是持有一切？

化作這個一體化的空間，無限、不可觸及、囊括一切，正如天空那樣。

言下開悟

通往覺醒的覺知力的另一條有力的途徑，是傾聽來自任何傳承的偉大智者的直接教誨，他們對教導有著深刻的理解和深入的實踐，這樣的教導有時被稱作「開示」，因為教導直接引導覺知力回到自身，去探索是誰或者是什麼在覺知，答案就是覺醒的覺知力。如果你特別幸運，你可能有機會聽到一位在世的老師親口告訴你這些指引，如果沒有這樣的機會，你可能會偶然在書本上看到這些開示，會自然而然地有所回應。

就我自己而言，我遇到一位老師告訴我：「尋求者正是被尋求的。這個正在尋尋覓覓的人，正是這個人所苦苦尋覓的。」這句偈語引發了我內心深處的共鳴，並點燃了一種自發的探詢，這就是開示的力量。但是，它在幾個月之後才開花結果，以突如其來的頓悟把我帶進它更深的含義。

如果你想獲得這些指引中蘊含的智慧，又沒有一位你可以親自登門拜訪的老師，你可以在網路或書本上找到精深的指引。其中的祕訣是，不要讓這些教導以資訊或解讀的方式，填充你的頭腦，而是側重於那些直接指向覺醒的覺知力的關鍵點，那才是超越心之外的永恆存在。在禪宗裡，這樣的直接指引被稱為「轉語」，因為它們把心轉向真實存在，它們也被稱為「活句」，因為它們充滿了來自源頭的活力，而不是僅僅傳達思想和概念的死句。「公案」是使禪宗學生陷入深思，並努力解決的、有如謎一般的故事，儘管很多故事中引用的一些禪宗術語讓故事晦澀難懂，但往往一句轉語會讓故事達到高潮。經典的轉語會在回答學生核心問題的時候，自然而然地出現，對提問者的需求和提問者的境遇予以恰如其分的回答。

深入探詢覺知者

除了思考老師給你的直接指引之外，你還可以積極地探詢這個覺知者的本質。傳統的方法是變相地提出「我是誰」這個問題。首先要明白，這個問題的通常回答是什麼，譬如：我是一位女性、一位舞蹈家、一位老師、一位父親、一位企業家、一位冥想者、一位基督徒、一位網球運動員、一位藝術家，但這些答案都不是真正的你。問題的關鍵在於，要讓注意力超越你一生中積累的所有故事、角色、身分，從本質上認識到你是誰，也就是說，認識到在你的生命史、你的生命狀態存在之前，你是誰。在禪宗裡，他們把這稱為「自性」，或者稱為「父母未生前的本來面目」。在本書中，我們把它稱為「覺醒的覺知力」。

對於很多人來說，「我是誰」這個問題過於抽象，無法引發共鳴或投入其中，如果是這樣，你可以用更具體、更貼近切身體驗的方法，比如，「是誰在經歷此時此刻？」或者「是誰正在透過這雙眼睛看世界？」這個方法的目的不是調動邏輯思維或推理，而是提出一個直指心靈的問題，從而誘發出更加直接的解決方法。你需要用你的全部身心提出問題，讓它在你的整個身體中產生能量共振，就像你把一顆小石子扔進池塘裡，讓漣漪不受任何阻礙地擴散開來。最終，答案會以你無法預測的方法顯現自己。

覺察非我，安住於自性

你可以揣摩下面這些力透紙背的謎語或悖論，以此代替尋問「我是誰」這個問題，或這個問題的變相形式，這些謎語和悖論都不可阻擋地指向同一個方向。再一次強調，不要浪費你的時間用你理性的、分析性的頭腦去研究它們，而是讓它們產生深層的共鳴，從另一個意識層面、從頭腦之外引發出答案。正如本我探詢一樣，這個答案不會像思維那樣以條理的理念框架出現，而是越過你，以一種深刻的、讓生命蛻變的內在力量或直覺點化你。

- 在你的一生中，你一直用你的名字和代詞「我」指代你自己，即使你與十年前、二十年前、三十年前、四十年前的你完全不同，你體內的細胞經歷了無數次的死亡和更替的過程，你的身體與你五歲或十歲時候的身體幾乎毫無相似之處，你的想法和感受都是全新的，你內心的陳述也不斷地變化，然而，你的直覺告訴你，有某種東西在這麼多年裡從未改變過，那就是這個代詞「我」所指代的東西，那麼，這個恆久不變的「我」在哪裡？
- 任何你能夠體驗到的東西都是覺知力的客體，當你說：「我看到一棵樹」、「我看到一隻鳥」或者「我知道一個事實」的時候，這個鳥、事實或樹是一個客體，而「我」是這個主體，基於這個原因，你永遠都無法瞭解或體驗到這個「我」，因為當你認為你已經抓到了它，並且把它變成了一個客體的時候，它已經從你的掌握中溜走了。「我」是所有客體的最終主體，永遠不會成為體驗的客體或者認知自身的客體，然而，它可以以一種更加直接的方式來被認識到，而不必透過頭腦和客體認知的過程。這個「我」是誰？

- 任何你體驗到的都不是本質上的你，念頭、感受、感覺，信念、各種圖像和故事，這些你通常所認為的你，其實都只是你的注意力所關注的客體，而不是真正的你。但是，當你覺察到那些不是你的部分的時候，譬如身體、感官、心智，你恰恰休憩在你的本質中。這究竟是什麼？

你就是法門

歸根究底，並沒有什麼預製的方法或途徑可以用來探索本質上的你，或者說探索覺醒的覺知力的根據地，因為沒有任何人知道什麼樣的問題，什麼樣的冥想方法，什麼樣的探詢方式可以讓你產生共鳴，打開你的無門之門。傳統的教法建議安靜地坐下，聆聽覺者的開示，揣摩其中的真諦，自己探詢，並且與同修溝通、探討，但是，你需要通過緊密地與你的內在智慧協調，並且能夠從直覺上感知到何時接近、何時迷失。這種更深層次的共鳴很難傳授，通常只有當你面向真諦的時候才會逐漸顯現出來。

在這一章裡，我列舉了一些冥想練習和探詢方法，但是並不意味著它們是一套系統性的練習。找到最能打動你的方法，全身心投入其中，但是不要期待任何特定的結果，因為這會讓你對任何你可能投入的探索產生偏見。保持「禪者的初心」，你最終會自己了悟到覺醒的覺知力，畢竟，「初心」與覺醒的覺知力是一回事！

同樣的，這本書中的指引和概述並不能作為答案，而是提出假設，你需要自己去證明或反駁。例如，有人告訴你，覺醒的覺知力是你的自然本質，它存在於念頭之前，你沒有一刻離開過它，它是持久的寧靜、喜悅和愛的最終源頭，但是，你自己真的瞭解這些說法的真實性嗎？直到你能夠親自證實這些說法，否則這本書上的一切都只是空談。

透過像正念禪修這樣的常規練習，讓你對自己所做的事情感到放心，因為你知道它的益處是經由充分研究之後得出的結論，它幾乎對每一個人都適用，但是，正如我之前提到的，直接法比較特別，要相信你的直覺，真誠而勤勉地進行探索，正如佛陀教導的那樣：「自以為燈」。

結語：做原本的你

如果你具有冒險精神，你可以嘗試最直接的方法，這也是最難以捉摸、最無法確定的方法：做原本的你。不要理會本章中所介紹的途徑，放棄以任何方式操縱你的注意力的嘗試，化作無條件的空曠放鬆下來，不需要任何鋪墊、準備或練習。覺醒的覺知力是永恆的、不受影響的；是一切體驗的不變的背景；是所有感知背後的光；是所有客體最終的主體；是現象世界投射其上的空白螢幕；是生命得以展開的非兩元相對的空間。你無法練習它、培養它，也無法以任何方式使它行為化，與此相反，你只需要化作它。

問與答

問：當我試著放下，就像你所建議的那樣，我反而覺得被捆綁住了，最後的感覺反而比我剛剛開始的時候更加緊張，也更有壓力，難道是我什麼地方搞錯了嗎？

答：當然如此，矛盾之處在於你不能採取任何行動放下，你只能允許「放下」發生。只要是你試圖採用任何行動放下它，你實際上並沒有真的放下，而是一直緊握著你的嘗試。停止嘗試，「放下」會自然而然地發生，這就像放開一個你一直緊握的球，不是放開這個球，而是不要再繼續緊緊握著它，球會自然地從你手中落下。有些時候，僅僅是注意到你正在努力握緊，就會自然地引發放下，畢竟，安然自如才是你的預設模式，它先於任何一種生活境遇教給你的「必須控制才能生存」的原則之前。

問：我不確定我是否足夠信任自己，像你所建議的那樣，成為自己的一盞明燈，讓自己的直覺引領我，畢竟我過去的判斷力並不可靠，這也是我開始練習正念禪修的原因。

答：也許時時刻刻對你的體驗保持正念，使你能夠更加貼近自己內在的、直覺性的智慧，超越分析和判斷，在這裡，你可以感知到什麼是最適合你的，例如，你是如何選擇職業或伴侶的？或者接下來要讀哪一本書？或者和誰成為朋友?或者你如何知道何時吃何種食物?你無時無刻不在諮詢內在的導航系統，讓它引導你生活，其實，認識你的真實本質的過程也是如此。到後來，在通往覺醒的覺知力的道路上，只有你自己才能知道什麼是最適合你的，不是其他人，即使最睿智的老師也不能成為你道路上的權威。當然，經驗豐富的老師所提供的指點可能是無價之寶，當今有無數的教法可以為你的道路指明方向，但是，最終，你必須自己分辨遵循哪一種指導。

第 5 章

PRACTICING THE DIRECTAPPROACH

直接法練習

當你允許自己化作毫無造作的空間安住下來，你會被豐滿的生命力滲透、滋潤，這種生命力會通過敞開的心扉以敬畏、感恩、喜悅、光明和愛的形式展現出自身。

隨著對覺醒的覺知力的了悟，你對生命的體驗也會產生翻天覆地的變化，從想像自己是一個位於身體裡的某個部位（通常是位於頭腦中），各種念頭、感受、記憶和故事的集合體，轉換到了悟自己是毫無拘束的開放，你的身心以及所有其他的客體由此而生。就像你在心理學課上學習的圖像與背景錯覺，而產生的認知轉變一樣，一旦你認識到你的真實身分，也就是說，認識到你是相對真實世界展現其自身的一個平台，你就再也不可能用同樣的方式認識自己，你已經從夢中醒來，你無法對你已經看到的東西視而不見。

與此同時，你可能會不斷地偏離你所發現的真實，再次陷入沉睡。來自於「小我」、自我的牽引力是如此強大，以至於它不停重生，把你拉回舊的模式，讓你又把自己當作一個故事集合體，而不是觀察到故事（並超越故事）的那一個，換句話說，你誤認為自己是一個客體，即使你知道你是那個最終的主體。了悟之後的練習不再是嘗試去窺見你沒有見過的東西，而是回到並安住在已經了悟到的真實身分裡。如果安靜地坐著或者做一些探詢，就像你以前練習過的那樣，有助於你回到覺醒的覺知力的家園，那就盡一切可能練習，只要你記住，你不是試圖培養一種你所不具備的狀態，也不是試圖到達某個異鄉，覺醒的覺知力就像呼吸一樣貼近，就像第一次睜眼看世界一樣不可抗拒。

正如正念練習一樣，每一次練習覺醒的覺知力，也會出現一個選擇時刻：我是讓自己變得更加支離破碎，受到迷惑又回到了故事中嗎？還是選擇我已經探索到，卻一直遺忘的開放、清明、無分別心和自由？兩者的區別在於：在正念練習中，你要持續不斷地保持覺知的狀態，而直接法則讓你不斷提醒自己，你就是覺知力本身。這就是覺醒的覺知力的意義所在：覺知力本身有意識地、從容地以自己本來的模樣放鬆下來，不執著於客體和結果（我最早的一位禪宗老師曾把這描述為：不動聲色地把自我安置於自我之上）。這種區別既微妙又深刻，標誌著直接法和漸進法之間的界限（有關這種區別的更多闡述，請參見第一章）。正念禪修的重點，是強調覺知力所覺知的物件，而直接法所強調的是最終的主體，也就是覺醒的覺知力本身。當你已經找到了你的家園（矛盾的是，它既沒有位置又沒有邊界），你要一次又一次地回到這裡，從根本上說，你在練習成為你已經成為的，這同樣也是自相矛盾的，對理性的頭腦來說，這毫無道理。

冥想練習：讓一切不加造作，如實如是（練習二）

一旦你找到了覺醒的覺知力，你可以直接從冥想練習中回到那裡，而不是使用一些技巧幫助你到達那裡，誠然，這是一個更高級別的練習，但是，隨著你的理解逐漸深入，到了一定程度，你就可以不走彎路，直接回家了。

首先，安靜坐下來，花幾分鐘感知進進出出的呼吸，現在，讓一切自然運行，不需要努力或操控，在這個階段，即使是「保持開放」這種想法也是一種努力或操控，因此，保持開放的嘗試也要放下，讓一切以原本的模樣存在。這就是打坐的根本指導：純粹地存在，這才是最終的敞開，不去詮釋，不採取任何形式的行動。

當念頭和感覺來來往往的時候，不要試圖改變、回避、依附於它們，或者試圖擺脫它們，僅僅讓它們存在於此。通過讓它們純粹地存在，你才會安住在覺醒的覺知力的無邊無際之中。你的家園總是敞開的，不受它所感知到的客體的影響，通過僅僅是覺知客體，而不是執著於客體，你便休息在覺知力中，休息在所有客體的最終主體中。

正念禪修傳統中所說的無差別的覺知力，和覺醒的覺知力的區別是非常微妙但又非常重要的，無差別的覺知力仍然強調覺知力所覺知到的客體，它讓注意力自由地、自發地從一個客體轉移到另一個客體。但是，只有讓客體僅僅存在於此，你才是有意識地作為主體，作為覺知力本身安住下來，讓客體各行其是，不用任何方式關注它們。就像天空一樣，你不受任何穿過它的東西的影響，或者就像一面鏡子，你不會被它反射的東西所干擾，這就是覺醒的覺知力的本質。

安住在豐滿的生命力中

從實踐層面上講，覺醒的覺知力具有一種可體驗的，並充滿生機的維度，當你讓自己安住在無制約的開放中，你會被豐滿的生命力滲透、滋養，它通過心靈展示出自身，就像我在前面幾章中列舉的一些特質一樣，它是平和的、自在的、可信任的、踏實的、感恩的、充滿敬畏心的、喜悅的、光亮的、充滿著愛的。雖然我們用不同的詞彙和概念描述這些看似不同的特質，但實際上，它們只是覺醒的覺知力這顆寶石的不同切面，從身體層面或能量層面所獲得的不同體驗。與正念禪修不同，你無需努力培養這些特質，當你安住在覺知力的開放和豐滿中，它們會自然而然地產生。

所以說，了悟到覺醒的覺知力之後的核心練習（如果可以稱之為練習的話），是作為覺知力安住下來，也就是說，做真正的你！藉著安住下來這種方式，你允許圓滿的生命力不帶有任何來自於你的詮釋或操控，僅僅是通過你展示它自身。你的身體無法抗拒地體驗到這種豐滿，它以一種無窮的廣闊，擁抱萬事萬物以及每一種可能性，這是一種對生命原始模樣的熱切愛戀和無條件的接納。有些老師用「靈性的啟示」或者「神的愛戀」這樣的詞彙來形容這個開放的、廣闊的、充滿慈悲的空間。這就像是你與宇宙間自然之力的流向和諧一致，感覺自己被這種能量帶著飛翔，當然，在你還沒有獲得它們所引導的體驗發生之前，這些全部都只是概念而已。

一旦你對這種生機盎然的充盈和廣闊熟悉起來，你每時每刻都可以直接回到那裡，不再需要借助練習作為中轉，只需要讓這種開放／豐滿不斷閃現，並且安住下來。

冥想練習：安住在豐滿的生命力中

當你越來越習慣於放下，並習慣於自然地存在，你開始體會到這種豐滿，這就像一種能量體驗，也正如我前面所描述的那樣，這種體驗像是寶石，絢麗璀璨、切面豐富。從根本上說，這裡沒有體驗者，因為，當你在豐滿的生命力中找到自己之後，某個獨立的人，體驗某種經歷的感覺就消失了。

在你的一天當中，你可以不斷地回到這種豐滿生命力的體驗中，花幾分鐘讓它閃現，然後再回到你正在進行的事情中。同樣的，這與保持正念沒有關係，這更像是溶進愛、感恩和喜悅的流動中，這種流動滲透進萬事萬物的存在中，這無法被傳授或描述出來，因為這是存在的本質，它只能被指出來，一旦你撞見了它，你會馬上認出它來，就像是浪子認出他久違的家鄉一樣。

在一些傳統中，這種無法被描述的本質被稱為如意寶珠、瓊漿玉液、靈丹妙藥，安住其中，讓它滲透你的身體和心靈，你會發現，它對每一個層面都有深刻的治癒。

當你的心開始遊蕩，帶領它回家

你可能會想：「是的，一切皆圓滿，但是，當我已經從我的真實本質中游離出來，我該如何回來並安住其中呢？一旦我感到走失了，我就開始焦急地想把帶它回來，結果卻是越走越遠。在這樣的時刻，引導我作原本的我，或者教我休息在其中、安住在其中，對我來說沒有任何意義。」這裡的關鍵是，記住你從未失去任何東西，那個正在尋找並試圖緊緊把握的，正是你所尋求的東西，也就是說「尋求者正是被尋求的」。與其向外尋找，試圖重現某種特別的心境，好像是某個你可以抓到的客體，不如再次安靜地坐下來，讓一切如其所是，由此，你才會完全不執著於任何心境，這包括了不執著於成為覺醒的覺知力，（相悖地）你會馬上回到你認為已經走失的家，而實際上你從未離開過。正如一位偉大的禪師所說：「放下它，它才會在你的手中。」

或者，你也可以讓「我是誰」這個問題（或者任何其它能夠引起你共鳴的探詢形式）時常閃現，瞬間與你的家重新相連，而無需在頭腦中四處尋找答案。或者你也可以重拾一個簡短的指引或開示，它能夠立刻召喚你回家。逐漸熟悉哪些方法對你有所幫助，當這些方法不再有效時，繼續探索，直到你找到其他有效的方法。當你經常回到覺知力並安住下來，回家的路也會變得越來越容易，越來越迅速。最終，就像《綠野仙蹤》裡的桃樂絲一樣，你只需要敲一敲鞋後根，並且提醒自己，沒有任何一個地方能與家相比，你會發現自己瞬間又回到了堪薩斯。也就是說，這種回歸變得自然又迅速，一次接一次地，直到你再也不會離開家。只要記得你回去的地方既沒有位置，也不是一個實體，既不是一個客體，也不是任何事物，它是無制約的，無法被捕獲的開放，在這裡，內部與外部、自我與他人之間的分離感消失了，一切都自由地以它的原本模樣展開。

一次又一次地覺醒

當然，生活在這種無制約的開放和豐滿的生命力中，擺脫了固有的身分和程式，一開始可能會讓人感到不知所措，並覺得具有挑戰性，尤其是當你周圍的人和你所處的文化背景，與你自身的境遇聯合起來，引誘你再次認同自己是一個獨立的人的時候。我們每一個人都生活在自己創造的夢境中，並認為這個夢境是真實不虛的。這個「我」的故事，是一場充滿了英雄與惡棍、成功與失敗、獲得與失去的故事，通常以鬥爭和衝突為標誌，以獨立的自我為中心。發現自己是覺醒的覺知力，意味著從這個夢中醒來，在當下一刻，這永恆的一刻，擺脫概念、詮釋和故事所強加給你的限制，還原生命本身的圓滿。但是，這個夢是如此熟悉，其他夢中的人物又如此依附在你的夢中，以至於你一次又一次地被捲入其中。

在這個時候，關鍵是要徹底地沉浸在覺醒的覺知力中，這裡才是你真正的家園，然後時時刻刻提醒自己回家。那些習慣性的思維、感知和反應，以及那些你為自己編織的、適宜又自我感動的故事，就像一雙舊鞋子一樣熟悉又溫馨，但是，在最深的層面，這真的是你嗎？真的是你的安住之地嗎？如果你選擇舒適和熟悉，而不是清晰、自由的覺醒的覺知力，你會無休止在被粉飾過的存在中徘徊，在生死的過山車中跌宕起伏，這就是佛教所說的「輪迴」。你需要深信，你無法在這裡找到持久的圓滿。

例如，你可能會為自己取得的成就感到驕傲，這包括你經歷過的艱辛歲月，你精心呵護的人際關係，你遍佈全球的旅行，你銀行帳戶裡的存款，但是，即使是最為寶貴的經歷，也最終會變成記憶充塞在你的頭腦裡，讓你無法完全回到當下，無法體會到這不可替代的當下一刻所帶來的喜悅和圓滿；也許你會懷著悲傷和羞愧的心情回想你的失敗，你錯過的機遇、你犯下的錯誤，你傷害過的人，你遭受的創傷，但是，這種負面想法和負面感受的陰霾，讓你無法獲得更多積極的經歷，而這些積極的經歷可能會幫助你減輕痛苦；也許你可能一直在重複你是如何被誤解、被拋棄、被忽視的故事，而你的怨恨會讓你變得更加痛苦，並且讓你與正在發生在身邊的愛隔絕；也許，你的痛苦源於你不斷地將現在的生活與過去的經歷進行比較，你害怕再次經歷同樣的創傷和失望，你的人際關係永遠不會真正地美滿，因為你被籠罩在評判、期盼、猜測，以及過去所經歷的心痛和失落的陰影中。你在人生故事中不斷地徘徊，而痛苦的根源，是因為你與自己的源頭分離了，你無法真正地與生命的本質相連。

冥想練習：瞭解你的夢境

覺醒的第一步，是逐漸地熟悉那個你一直渴望從中覺醒的夢境，並且認識到那並不是真正的你。

在接下來的一個星期裡，要特別關注這個你不停地編織的，關於你自己的夢，讓這個夢成為你探究的對象，就像你試圖解開一個謎團一樣。留意你是如何告訴自己，關於你生活中其他人的故事，他們是如何出現在你的敘述中，誰是壞人，誰是英雄？你是否傾向於自己是對的，而其他人是錯的？或者，你是否對自己所犯下的所有錯誤感到自責？

留意這個夢的情緒基調，是憤怒？是恐懼？是受傷？還是羞愧？這個夢中反覆出現的主題是什麼？你從哪裡學到以這樣的方式看待人生？

留意有的時候這些故事似乎隱退到背景中，放開了掌控，這時候你的感受如何？這些故事是怎麼回事？記住，這些你告訴自己的關於現實的故事，往往與實際發生的事情關係不大，它們只是詮釋，只是對空白螢幕上可能發生的事情的投射，這種投射卻對實際發生的事情產生強烈的影響。

如果沒有了這些故事，生活會是什麼樣？你的感受會是什麼樣？你的人生會是什麼樣？如果你既不是這個夢，也不是夢中的人物，那麼，你是誰？

皈依於覺醒的覺知力

認識到這個分離的自我是痛苦的根本，也許在最初給了你尋求覺醒的動力，你可能還會發現，這作為一個讓自己保持覺醒的提醒也很有幫助，不斷地回到這種認知，就像時常用手指觸碰灼熱的爐子，以此來確認爐子仍然在燃燒一樣。如果你不用這種方法，生活也會很好地透過呈現給你一些境遇來提醒你。在這些境遇中，如果你仍然執著於某種固定的立場或程式，或執著於一個固定的自我形象、自我故事，或是習慣性的反應模式，都會讓你產生熟悉的痛感，比如憤怒、恐懼、抵制或傷害。當你突然間發現自己又在遭受痛苦時，這便是一個警鐘，以此來提醒你回到你真正的家園。

在佛教傳承中，不斷地回到覺醒的覺知力的家園被稱為「皈依」，意味著擺脫被詮釋過的存在。一旦你醒來，你就不會再皈依於夢境，你的夢境被擊破了，儘管你可能不斷地回訪，但你不會把大本營建立在那裡。實際上，你回到夢境的旅行甚至可能比以前更加痛苦，循環往復也更加短暫和迅速，因此，你可能會覺得，自從認識到你是覺醒的覺知力之後，你的痛苦反而更加強烈了，這是因為每一次當你接近火爐的時候，你都會被灼傷。

好消息是，你對覺悟本性的堅定不移，結出了果實，現在，它一次又一次地把你帶回真正的家園。事實上，這種堅定不移意味著某種放下，這並不是像比丘或比丘尼對物質享受或對親密關係的放下，而是放下對你所營造的夢幻世界的執著。堅定、皈依和放下構成了邁向真實的三個方面，放下習慣在夢中找到完美和快樂的執念，皈依於覺醒的覺知力，並盡可能讓自己始終如一地生活在這種了悟中。

冥想練習：把它呈現在你的眼前

因為你無條件存在的自然本質，是所有體驗的背景，所以，你可以練習讓所有的念頭和感受展現在你的面前，就像一部電影在你眼前上演，你是電影背後的一束光，是這束光讓畫面成為可能，在劇中的各個角色中都無法找到你，同時，自相矛盾的是，你通常所認為是自己的那個角色，卻繼續在劇中表演著屬於它的劇情。

在打坐的過程中，你可以練習讓自己成為天空，念頭和感受像雲彩一樣升起在空中（如上一章所述），天空迎接一切，卻並不參與其中。

在你的日常生活中，你可以時不時地停下來，作為覺醒的覺知力，放鬆下來，也就是說，當你允許生命像夢境一樣展開，而不加以干涉的時候，就是覺知力有意識地休息在自身之中的時候，這種不加干涉並非意味著消極，這同時還包括了不干涉你自身行為的自然性，道家稱之為「為無而為」，即沒有中心或行為者的自然的行為。你可以盡情地與夢境互動，但是，你並不認同劇情，也不執著與結果，你平衡在剃刀邊緣，也就是說，平衡在「空」與「滿」、「無我」與「有我」之間。

如果這些對你來說完全沒有道理可言，不要擔心，把它們擱置一旁，嘗試那些能讓你產生共鳴的練習。

形散神聚

當你的身分定位從夢中的角色轉換到覺醒的覺知力時，你可能會感到你所熟悉的生活瓦解了，從而引發不安的感覺，你可能會發現自己急於把分崩離析的碎片重新拼湊起來，就像兒歌〈胖蛋先生〉（Humpty Dumpty）中的同伴所做的那樣，兒歌中「跌倒了再爬起來」以及「重整旗鼓」，都透露出這樣一種資訊：如果你想在這個艱難的世界上生存下去，要學會掌控生活的方方面面。

但是，覺醒的覺知力卻揭示了存在的核心中，有一種更深層、更神祕的秩序，這種秩序並不把獨立個體的你作為中心，而是旨在把生命本質的完整性和完美性體現出來。一位禪師曾說：「一切都在冥冥之中得到完美的安排」，也就是說，有一種隱含的秩序管理著一切，邀請你放下你正在掌握命運的幻覺，因為，仔細研究會發現，掌控，只是一種幻覺。大多數時候，你能夠控制你的心跳、內在器官的運行或者你的呼吸嗎？你能夠控制你的念頭和感受的流動嗎？即使是你的行為，你能夠控制嗎？事實上，對大腦的研究表明，你移動手臂或吃點東西的決定，是在行為衝動實際發生之後的一瞬間才產生的。

在日常生活的層面中，你可能總有一種能夠微觀調控你的生活的感覺，直到因為生活中不可預測的境遇發生，或者身體、心理的改變，或者物質層面的局限讓你不能控制自己的生活。但是，當你喚醒了覺知力，你從生活的表層，被拉到了背景中，哪怕只是一瞬間，生活都會以它自己神祕的方式，在你的面前以及你的內心展開。你會在突然間放開一直緊握著生活的雙手，意識到這種掌握完全沒有必要。你以為自己在駕駛汽車，其實一直以來，你就是一個緊握玩具方向盤的小孩子，而真正的駕駛者是父親或母親，也可以說就是上帝，是不可知的神祕力量，是冥冥中的秩序在掌控。

放下了這種控制的幻覺之後，你可能不會再有同樣的動力（或者更確切地說，是不再想要駕駛），並且再也找不到你曾經對生活的理解，事實上，夢境的破滅，引發了夢境所投射出的個人意義的破滅。西方盛行的夢想，是建立在英雄神話的基礎上的，英雄是掌握自己人生的強者，他們透過克服困難，與困難作爭鬥，贏得獎勵，到達終點，成功地完成某個艱巨的任務，從而找到人生的終極意義。我們崇拜那些活出了這種神話的人，比如年邁的游泳健將克服了重重困難，成功穿越鯊魚出沒的海域；窮小子透過自己的努力，成為大公司的高階主管；年輕女孩不顧惡劣天氣和設備故障，獨自駕駛帆船環遊世界（超級英雄電影的流行，足以證明人們對這一主題的癡迷）。無需多言，英雄夢強調的是個體與現實生活的分割，這是一個關於奮鬥、衝突和最終獲得勝利的夢。

即使你不認為自己是個英雄，你可能也會使用這個基本的標準演化版本來評判自己，事實上，自我，生來就把自己視為自我故事中的英雄，並在成功的過程中發現自己的價值，比如成功地找到工作，獲得愛情，找到伴侶，得到別人的認可。但是，當你認識到你不再是那個生活所環繞的獨立中心，而是生命為展現出自身更高層次的流動的另一種表現形式，你的英雄夢，以及你圍繞它所構建的個人意義的世界就坍塌了。現在怎麼辦？如果你的人生意義不是建立在個體重要性，以及個體成功之上，那生活還有什麼意思呢？

千方百計重建夢境、重構它的意義無論如何都是註定要失敗的，不如不斷地回到覺醒的覺知力的家園，在其中找到終極的意義。當你不再處心積慮地幫助生活營造結果，轉而安住在無制約的開放中，活在沒有中心的當下一刻裡，你了悟到，你不需要給當下添加任何東西好讓它更加圓滿，它與生俱來的本質就是圓滿。透過粉碎這個分離的自我，你會找到這個永恆的、不可分割的不二之源，所有貌似分離的個體全都由此而生。一旦你了悟到這個深層的存在的基礎，就是你自己，對個體意義的追尋也就自然而然地結束了。

結語

與你練習正念禪修不同，保持覺醒的覺知力是沒有什麼練習方法的，但是，一旦你意識到它是你的自然本質，是你的本來模樣，是你的根本存在，你就能夠持續地覺察到，你游離於真實身分的慣性，你也能夠持續不斷地回到，並安住在你所覺悟的真實本質中。一位偉大的印度智者曾說：「你所需要做的就是找到你的源頭，並在那裡安營扎寨。」隨著把自己認同為頭腦的習慣逐漸消失，為了讓生活達到你的期待值，而產生的控制欲或操縱力也會隨之消失，你會自然而然地向生活與生俱來的圓滿，以及生活時時刻刻的完美，敞開自己。

問與答

問：我一直在試圖過一種「目標驅使」的生活，做我認為對我自身有意義的事情，現在你的意思是，這種試圖尋求個人意義的生活是一種誤導，這是否意味著我這些年來一直在浪費時間？

答：我不會說你被誤導了，因為，你一直以來的做法引領你質疑你的方法，並進行更加深層的探詢。在這個獨立個體的夢中，有人生軌跡；有預期的未來、特定的目標和期望；渴望具有影響力和控制力；選擇尋求對個體有意義的目標，這些都是完全合情合理的。但是，任何強加在你的生命流程上的驅動力，不管其目的多麼崇高，都會蒙蔽你的雙眼，讓你無法看到真正所需，它打亂了生命之河原本的流向，而這種流向有其內在的意義。你越是能夠放下你的目標和先入為主的概念，你越是能夠傾聽到，什麼是生命要提供給你的，而不是追尋你所認為生活應有的模樣，生命越是活出它本身的意義，你越是能夠恰到好處地應對生活，並能夠獲得真正的收益。安住在覺醒的覺知力中，蘊含了一種對整個境遇的本質，最為貼近、最為宏觀的傾聽，這會讓你的目標自然而然地產生，並與你目前的境遇笙磬同音，隨著生命之河的舞動而舞動。

問：我仍然難以相信你所提到的「一切都在冥冥之中得到完美的安排」，看看世界上所有的暴力、無知和貪婪，所有的戰爭、恐怖襲擊、環境破壞，在我看來，現實並沒有被完美地安排！

答：你怎麼知道這些戰爭、恐怖襲擊和環境破壞，不是完全基於某種神祕秩序，而必然發生的結果呢？而這是你的頭腦無法理解的，你認為，你或者這個星球上的任何一個人，瞭解什麼是對整體計畫最有利的嗎？請記住，我所指出的完美，與兩元對立中的完美與不完美、好的與壞的，完全無關，而是說，它的完美在於它不可能是其他樣子，這就是註定要發生的！你是怎麼知道的？因為它確實如此！否則你將會不斷地與現實發生衝突，正如我的一位老師經常說的那樣，這只會讓你萬無一失地成為輸家。

當然，如果你內心感到想要改變現狀，或者想要加入其他人一起抗議現狀，那就盡力去做吧！你對生活所做出的反應，同樣也是這種完美安排的一部分，但是，不要執著於結果，否則你會感到無休止的沮喪和失望。無論你是否喜歡，現實都以它自身神祕的、不可阻擋的方式，而且，我敢說，是以完美無瑕的方式前進。你可以選擇放下你的掙扎和獨立，安住在你的自然本質，也就是覺醒的覺知力中，它與生命的舞動原本就是一體；你也可以選擇與事情原本的模樣相抵抗，讓自己疲憊不堪。正如我之前所說，當你沉浸在生命之河裡，你並不一定是被動的，而是說，你對眼下境遇的響應將恰到好處的。

問：我知道我不是我的身體、我的故事，或者我的個性，但是，我從未有過任何一種你所描述的震撼的體驗，更多的只是一種簡單的洞見，或者對什麼是真實的認知。

答：最初的領悟往往是一種簡單的洞見，當它滲透到你的靈性中，觸碰到你的心靈，它就會綻放出愛與感恩的震撼體驗，以及我所描述的其他特質。最重要的是，你的整個靈性對於真實的非兩元構造，有一個清晰且無可辯駁的認知，而不是你僅僅用頭腦所理解的某種世界觀。在西方宗教傳統中，這種超越了頭腦的直接領悟叫做「靈知」(gnosis)；在東方，這被稱為「智慧」或「般若」，這類似於我們通常所說的直覺，就像我們說：「我就是知道，但是我無法解釋是如何知道的，」這種「知道」就像是你知道你的鼻子在你的臉上一樣無可置疑。

第 6 章

AWAKENED AWARENESS IN EVERYDAY LIFE

悟在 柴米油鹽中

如果你維持當下，你就已經營造出了分割，請不要維持當下！如果你行走，那就行走，讓行走來行走；讓言語來言語；讓飲食來飲食；讓就坐來就坐；讓工作來工作。

——莫惑・紐奧克（Muho Noelke）禪師

放下你對夢中角色的身分認同，回到你真正的家園，開放的、無條件存在的覺醒的覺知力，對你生活的方方面面都有巨大的影響。突然間，生活的重擔從你的肩上卸下，濃厚的濾鏡從你的眼前消失，你體驗到的生活是嶄新、鮮活、生動並清晰的。生活中的每一刻，都有其內在的意義和價值，因為它閃耀著覺知力的光芒，一種微妙並寧靜的喜悅成為你永遠的陪伴。事實上，你會意識到，快樂並不需要你去爭取，也不會隨著境遇的變化而變化，快樂是你的真實本質，在此之前，它只是被生活的各種裝扮所掩蓋了。

無條件地迎接生命的展開

因為內在與外在的邊界已經消失在覺醒的覺知力的光芒中，現在，你意識到你所面臨的一切，都是你的根本實質，都是萬物源頭的一種表達。因此，你帶著從嶄新的發現中找到的自信，以及一種親近感，面對每一種境遇，你相信萬事萬物的展現都有著它們本身的意義，它們被某種神奇的指揮棒所引領，而這是我們的頭腦無法破解的。因為你不再需要來自於「外界」的人或事讓你快樂，所以你可以自由地享受生活的本質，而不必把你的計畫強加之上。你會放棄與現實無休止的爭論，也就是說，放棄用你的期待值來操縱生活的企圖，無論這種企圖多麼狡猾，多麼含蓄。你會發現自己像迎接一位親密的朋友一樣，迎接生活所呈現給你的一切，儘管你永遠都不知道誰會出現在你面前，但是，無論下一秒鐘生活帶給你什麼，你總是開放、好奇且無所畏懼。

當你隨著人與事自行的流動順勢而行，你就會帶著輕盈和自在走過生命，而不是為了讓生活達到自己的目的，不斷強迫自己逆流而上。你不再以狹隘的、自我為中心的獨立自我的角度體驗生活，而是以廣闊的、俯瞰全域的覺醒的覺知力的角度看待生活，你對生活恰到好處的回應並非建立在你自身的願望和需求，而是順應整個境遇的流向。最終，作為一個獨立的行為者或選擇者的感覺會消失，因為你意識到了生命通過你而存活，這個身體化的存在只是深邃的、囊括一切智慧的覺醒的覺知力的載體或容器。儘管你有這種控制生活的錯覺，但是，不管怎樣，你從來都沒有掌過舵，你從來都沒有從任何方面掌控過你的生活，而現在，你可以放心地隨著強大的生命之流湧動。

例如，在過去，你可能無法真正享受生活的多姿多彩和五味雜陳，這包括生活的起伏跌宕以及生活的賜予和挑戰，因為你過於關注你所欠缺的，過於關注如何才能讓情況變得更好，比如，我怎樣才能讓大家喜歡我？我怎樣才能讓自己更加舒適？我怎樣才能成為一個更好的人？我怎樣才能坐收漁利、脫穎而出、贏得關注、出人頭地？你也無法真正欣賞你身邊最親近的人，因為你一直批評挑剔，並期待他們能夠改變，現在，隨著覺知力的覺醒，你會敞開心扉，擁抱他人原有的模樣，接受生活帶給你的每一個瞬間，而不帶有評判和操控，因為你欣賞生活不完美的完美，你欣賞生活在這當下一刻所呈現出的不可分割的、閃耀的存在。在這種開放的、無條件的、全心傾聽的存在中，萬事萬物都會自然而優雅的展開，無需持續不斷地調整、改進或行動。

當然，問題還是會一如既往地出現，但是，你不再把它們視為問題，而是把它們視為回到並安住在覺醒的覺知力的大本營的機會，你不再從如何評判和如何對應的迷宮裡尋尋覓覓。例如，在行駛的車流中，有人在你前面強行搶道，以前的衝動可能是對他們豎起中指，破口大罵，而現在，你會感到情緒的波濤湧起，然後鬆弛進你固有的喜悅和開放中，在你擁抱事件的發生，而不加以對策的同時，允許這種情緒流淌。也許你能夠認識到，你有可能做出和他們同樣的行為，他們的魯莽只是你自身的一個折射，畢竟，我們都有同樣的人類的衝動和弱點。舊有的衝動傾向和反應有可能會短暫地湧起，但是，當你如實地看清它們的本質，而不是捲入其中或將它們拒之門外的時候，它們就會在覺醒的覺知力極具穿透力的光芒中消散殆盡。

冥想練習：在「不二」中逝去

綜合了其他一些冥想練習的元素，這個練習旨在讓你完全意識到無邊界的、非兩元的現實的本質，意識到自我和他人、主體和客體、體驗者和體驗之間的不可分割性。

把你的注意力從你的念頭轉移到你的身體感覺上，注意你的身體靠在椅背上的感覺，你的腳放在地板上的感覺，你的手接觸大腿的感覺，感知你的手臂和腿部，胸部和腹部，頸部和頭部，注意這些感覺是如何不斷變化和轉換的，你的覺知力是如何從一種感覺跳躍到另一種感覺的。

如果你仔細觀察，你可能會意識到，所有你對自己身體的瞭解只是這些你正在體驗的感覺，其他的一切都只是你的想像，只是一些你的大腦用來填充空白的畫面。比如，你並沒有體驗到你的整個手臂，你只是在你所推測出的手臂位置的周圍有一些感覺，然後你由此投射出手臂的形象。

這就像是一幅印象派的繪畫作品，我們在成千上萬、五顏六色的筆觸上推測出一朵睡蓮或一位少女，或一個建築的形象，同樣的，你基於一系列的身體感覺，在頭腦中投射出「腿」或「頭」的概念。放下這些投射和概念，不加任何闡述，僅僅與感覺本身同在。

要注意到，環繞著這些身體感覺的只是開放的空間，而這些身體感覺根本不存在於空間中，事實上，空間遠遠多於感覺，這些感覺只是在這個空間中嬉戲舞動，在你注意到身體感覺，在這個無邊無際的空間中舞動的同時，你可能還會注意到，你無法真正找到一條清晰的線把身體的外在和內在分開，只有一片不間斷的感覺在空間裡，同時注意，念頭和情緒與身體感覺一樣，也在同一個空間中舞動。

現在，把注意力從感覺上轉移到空間本身上，在覺醒的覺知空間中安住下來，在這裡，念頭、情緒、身體感覺起伏往來，讓自己化作這開放的、無陳設的、無制約的、無法言喻的空間。

安住在這個空間中，檢視這些在空間中不斷舞動的體驗。除了這些體驗，還有任何關於這個外部世界的東西，是你可以不透過概念或想法就可以直接瞭解到的嗎？難道此時此刻，這個外部世界不是僅僅作為你的體驗而存在的嗎？其他的一切都只是一個投影，一個故事。

在檢視你的體驗的同時，你能夠找到這個覺知空間和在這個空間裡產生的體驗之間的差別嗎？既然世界在這一刻只是作為你的體驗而存在，那麼，除此之外，是否有任何實體物質與在覺知力或覺知力空間中所產生的一切有所不同呢？或者說，覺知力和體驗是否都由同樣的非實體本質構建而成？

感知覺知力和在覺知力中發生的體驗的之間的不可分割性，感知內在和外在的不可分割性。觀察者與被觀察到的並無二致。化作這個不可分割的、非兩元的覺醒的覺知力。

無條件地愛自己和他人

當你意識到，你和周圍的人都是同一個不可分割的真實的不同展現，這個真實是一切的起源和本質，毋庸置疑，自己和他人之間的關係也在覺醒的覺知力的光明中得以蛻變。當你不是從概念上認識到不可分割的本質，而是直接體驗到自我和他人固有的一體性，無條件的愛自然而然地從你的心中升起，不僅僅是愛他人，同時也是對自己的愛。事實上，你意識到這種愛正如喜悅一樣，是你的自然本質，只是生命中的各種制約將它隱藏了起來，封閉在心中。

從普遍的正念禪修的角度來看，慈悲和愛這樣的關愛之心，必須刻意透過特定的禪修練習培養而成，這當然會對你進入愛的層面產生有力的影響，但是，從直接法的角度來說，認識到自己與生俱來的不可分割性，就會直接釋放並展示出無條件的愛與慈悲，而這本來就是你開放的自然本質，無需培育或開發。只要一次又一次地回到覺醒的覺知力中，你就會沐浴在愛、讚賞、感恩、喜悅，以及一顆開放並覺醒的心靈所具備的其他微妙的特質中。

毫無疑問，當你墜入愛河的時候，你瞥見過這種自然生成的無條件的愛，也就是說，墜入到這種無條件的愛是隨時可以發生、總是伴隨著你的。但是，像大多數人一樣，你可能把這種強烈的感覺歸因於某個重要人物的魅力，而沒有識別出它的真正本質。當你戀愛時，你沒有透過評判和個人歷史檢驗的濾鏡來看待你的愛人，你的目光超越了完美與不完美，看到了內在的本質。事實上，這是覺醒的覺知力通過他人的眼睛凝視自己，並且愛上了自己。通常來說，這種無條件的愛會隨著這段關係積累起來的歷史逐漸消失，你們開始關注彼此顯露出來的不完美，舊有的習氣再次開始啟動。

當你認識到，並安住在覺醒的覺知力中，你就會以嶄新的、開放的眼光看待每個人、每件事，就像上帝在《創世記》中所做的那樣，在萬事萬物之中都可以找到美好、圓滿以及與生俱來的愛。也許某個特定的人會讓你覺得特別具有吸引力，並產生特別強烈的愛，但是，你知道這個人並不是讓你產生愛的原因，因此，這個人也不應對你的感受負責。而是，你認識到，愛是你的本質，（也是萬事萬物的本質），你的人際關係給予了你與他人分享和享受這種愛的機會，相悖的是，你和你的愛人既是一體又是兩個個體，既是分離的又是不可分割的，你們的關係為你提供了與這種矛盾共舞的機會。如果你們是一體，那就不會有任何關係，不會有你來我往，不會有互動和交流，不會有舞動，但是如果你們之間是完全分離的，就不會有愛，或者至少是有條件的愛，以不斷地衝突和協商體現出來。覺悟的關係之美在於，從你們的一體性中欣賞和珍惜你們的個體性，從你們的不可分割性中看到你們的雙向性。只要保持開放、鮮活的眼光，不要陷入陳舊的模式，你們就可以讓這種關係永保活力，深感滿足。祕訣不在於對方，而是安住在覺醒的覺知力中。

喜好、偏愛和觀點上的差異總是不可避免出現，但這些差異不一定會造成分裂，因為覺醒的覺知力完全擁抱生活原本的模樣，對任何事物都沒有抵觸和固化的觀點。你喜歡香草味，我喜歡巧克力味？當然如此！你週末喜歡在家休息，而我喜歡去郊遊？當然可以！不需要去爭執。讓我們帶著開放的覺知力傾聽彼此，流淌在互動的河流中，讓解決方法自然而然地呈現自己，而不是固執己見，陷入衝突的泥潭。正如法國人所說：「差異萬歲！」

當然，習慣性的行為會不可避免地被觸發出來，尤其是在戀愛關係和親密的友誼中，這給了你一個機會，讓你不加以評判或拒絕，以原有的模樣擁抱它們。事實上，一旦覺醒的覺知力破曉而出，親密無間的關係會成為一面強大而獨特的鏡子，映照出你的困頓之處，映照出你頭腦和心靈仍然把自身認同為某個獨立區域和運行模式的地方。當衝突發生的時候，你不是盤踞下來，捍衛你的地盤，而是各個層面上對真理的承諾，促使你更為深入地探詢，以找到自己的堅守所在。每當你發現自己帶著任何一種初始性衝突化情緒，應對生活境遇的時候，比如憤怒、恐懼、受傷、嫉妒或者煩躁，都可以成為你停下來，反思自己在哪裡演化出了分離的機會，擁抱這些情緒，而不是把它們行為化，並探詢使它們長期存在的深層信念是什麼。當你深入理解到一切問題並不是存在於你身外，而是源於你自身以「我」為中心的局限性的觀點之時，你會認識到你的愛人、朋友、家人不是你的對手，而是在你不停地返回家園的路上、在你安住於無條件、無評判的當下之中時，最鐵面無私卻也最慈悲的老師。人際關係是讓你變得謙卑的最佳時機，因為它們會剝去你所執著的每一種身分或地位，讓你一無所有，除了這毫無造作的珍貴一刻所呈現的天然質樸和渾厚。

冥想練習：直視覺醒的覺知力

每一雙眼睛後面，都是毫無二致的覺知力。

邀請你的伴侶或密友與你共同參與這個練習。面對面坐下來，後背直立並放鬆，你們的膝蓋之間幾乎沒有空隙。閉上眼睛放鬆幾分鐘，把你的覺知力從念頭轉移到你的身體感知上來，感知你的後背以及臀部與座椅的接觸，你的腳與地板的接觸，你的手與腿的接觸，並感知你的呼吸往來。

現在睜開眼睛，以柔和的目光凝視彼此的眼睛，關鍵在於不要瞪目，不要聚焦，而是以放鬆，發自內心，滿懷愛意的目光凝視你的同伴的眼睛。如果你的注意力集中到了某個地方，或者你感到難以停留在當下，輕輕地回到凝視對方的眼睛上來。當你繼續凝視對方，注意發生了什麼，你是否感到不自在，緊張，焦慮或羞愧？你是否會開始對自己或對方進行評判或者猜測？比如：「他看起來很生氣，我肯定做得不對，」或者：「我沒有抓到這個練習的要點。」

你有沒有注意到任何情緒的升起？比如突如其來的憤怒、傷感、後悔，或感恩、喜悅、愛？你和你的同伴之間的界限發生了什麼變化？這個界限是更加僵硬了，還是變得模糊不清、逐漸消失了？繼續用這樣的方法凝視五分鐘或更長一點，不管升起的是什麼，不加任何評判或拒絕地擁抱一切。

現在，把對方目光後面的覺知力，視為同樣的覺知力正在穿越你的目光，覺知力正以他人的形式凝視自身。如果你覺得時機成熟了，讓任何殘留下來的分離感消失進覺醒的覺知力的光芒中。內與外、自我與他人是同一個不可分割的覺知領域。當你繼續放鬆在這個「非兩元」的領域中的時候，注意你的心中有什麼樣的情感，根據自己的感受，可以不限時地停留在這裡。

當你結束練習後，在你感到自在的情況下，盡可能花一些時間與你的同伴分享彼此的體驗和感悟。

擁抱你不完美的完美

正如你所看到的，活在無造作、開放的當下之中，並不是要把自己裝扮成某個被愛與光環繞著的完美靈性，而是接納你的一切，包括你人性中所有的包袱和不完美。任何嘗試活在某種完美靈性標準中的做法，都只會讓你陷入充斥著比較和自我評判的思維中，使你不斷地與自己鬥爭。當你不再按照一些先決的想法，嘗試讓自己變得完美，而是讓自己保持原本的模樣，瑕瑜互見，你固有的完美會自然地呈現，正如在你開放和不加評判的目光中，一棵樹、一隻鳥都得以完美地呈現一樣。這種完美與兩元對立的完美和不完美、好和壞毫無關係，它指出了你寶貴的獨特性，事實上，沒有任何生命能表達出像你一樣的，獨一無二的特質組合。

當你安住在這種不加造作的開放中，你不再覺得有必要塑造自己的形象，或捍衛自己的立場或觀點，自我和他人之間人為製造的界限也變得模糊起來。因此，你會越來越敏銳地捕捉到你的行為與你存在的真實本質不相符的時刻，這並非是因為你試圖活在某種修行理念中，而是因為當分離感和自我防衛再次出現時，你能夠敏銳地感覺到它。從這種自然的和諧共振中產生出恰當的行為，這種行為不是基於預先設定的對與錯、利於修行或不利於修行的概念，而是發自於容納一切、俯瞰全域的覺醒的覺知力的視角。

正如我在第三章中講到的那樣：「無論每個人和每件事物看起來有多大的殘缺或問題，它都是完美的，因為它就是它，它不可能是其他的樣子，並且它散發出存在本身的完美本質。作為對這種覺醒的自然反應，一種混合了愛、神往、感恩、喜悅的微妙情感渾然而生。」但是，你可能會發現，認識到植物和動物、太陽和天空、愛人和朋友中與生俱來的完美，要比認識和欣賞自己的完美容易得多。事實上，你與自己的關係可能是最具挑戰性的關係，也是最重要的關係。關鍵是要避免陷入自我評判，而是要擁抱體驗的原本模樣（關於任何處理情緒以及固化的思維和反應模式，請參閱第七章）。

冥想練習：不加評判地擁抱你的體驗

你可以練習以體驗的原本模樣擁抱它們，而不是巧妙地拒絕或執著於每一種體驗，這給了你另一個安住在包容一切的覺醒的覺知力中的機會。

在接下來的兩個小時中（如果你願意，可以加長時間），對你正在體驗的一切說「好的」，對困苦的感覺、對負面的想法、對所有的挑戰、對他人、對天氣情況、對新聞消息、對聲音、對氣味說「好的」。我所說的「好的」並不是聽天由命或挫敗感，而是發自內心的認可。

在這個過程中，你可能會注意到你的頭腦不停地對生活說「不」，這意味著壓抑自己的想法和感受，意味著對其他人的評判，意味著拒絕接受事情的現狀。你可能會驚訝地發現，由於拒絕接受眼前發生的一切，你的頭腦消耗了多少能量。

在接下來的幾個小時或更長的時間裡，注意你的抵制或否認的傾向，取而代之說「好的」。對你的饑餓和渴望說「好的」，對你的憤怒和恐懼說「好的」，對你的伴侶或孩子說「好的」，對你的身體和容貌說「好的」，對你的生活說「好的」。盡可能地安住在無條件開放的覺醒的覺知力中，當然，你也可以在必要的時候說「不」，或者改變你不喜歡的情況，但是請先花點時間說「好的」。

你也許已經習慣於說「不」，以至於一開始不知道如何說「好的」，因此，你可以對自己重複說「好的」這個詞，以此來幫助你開始這個練習。也許你最終會非常享受和「好的」共舞，把它擴展到生活的方方面面，好的，好的，好的！

死在死亡之前

當你發現你所認為的自己，並不是生命中所呈現的內容，比如你的身體、頭腦、念頭、感受、家庭、朋友、成就、人際關係和物質財富，而是生命展現自身的無邊無際的空間或背景，你被時間所限定的那個舊身分逝去了，你發現自己是永恆的。識別出真正的你，你是存在的本質，不可言說、無形無色、不可摧毀，當其他一切逐漸剝離而去，它依然存在，亙古不變。你會發現，在這不生不滅之中，有一種信心和勇氣，任何疼痛、疾病、年邁和死亡都無法撼動它。正如一位老禪師所說：「在你的死亡來臨之前逝去，死神就再也不會打擾你。」

與此同時，你可能仍然會更願意保持自己的身體健康、充滿活力、不受疾病的折磨，你也可能在病重或衰弱的時候，仍然覺得失落、恐懼、沮喪或悲痛欲絕。疾病、衰老和死亡是人類最強烈、最殘酷的經歷，然而，在人類自然情感的波濤之下，蘊藏著深沉寧靜、臣服的覺醒的覺知力，以及對神聖的生命之謎堅如磐石的信任。「不是要按照我的意願，而是成就你的旨意」，這句話不僅僅是一種完全臣服的祈禱，更是對事物實際存在方式的描述。你終究從未掌控過什麼，連一瞬間都沒有過，臣服只是承認了一直以來的事實而已。

為覺醒的覺知力的抽枝展葉，創造有利的環境

你越是能夠穩定地安住在覺醒的覺知力中，當你的注意力偏離時，你越是能夠有意識地回到你的家園，即使是面對更具有挑戰性的生活境遇時，也越是能夠保持優雅從容。然而，在開始階段，由於你仍然在學習以這種截然不同的視角生活，你可能會發現盡可能地簡化生活，給自己留出充足的時間進行自我探詢和沉思，是很有幫助的。正如我的一位老師常說的那樣，做你需要做的工作，剩下的時間活在生命的美麗之中，否則，複雜的生活需求可能會讓你的時間變得緊迫，以至於你只有短暫的時間還原你的自然本質。

以下是你可以做的幾件事，能夠讓你有更多的時間和空間活在覺醒的覺知力中。

- 每天花一些時間安靜地坐下來，安住於當下，進行探詢。

- 仔細品味每一刻的美麗之處。
- 與你的愛人或朋友共用時光，而不是把時間花在看手機或電腦上。
- 利用週末的時間親近大自然，不帶任何數位裝置。
- 為工作和私人事務保留不同的電話和電子郵寄地址。
- 不要把工作帶回家，避免在工作時間以外查看工作郵件。
- 至少在睡前一小時關閉手機。
- 不要總是查閱郵件或社交網路，而是保持寂定的心，安住於當下。

當然，你無法讓生活完全如你所願，實際上，你幾乎無法控制生活境遇的展開，但是，你可以把生活的重心從世俗意義上的目標和自我發展，轉移到更加微妙、不帶有實質性的目標上來，也就是說，讓自己與最深處的真實存在本質相契合。你無法為這條路貼上價格標籤，也無法輕鬆地向同事和家人做解釋，因為他們可能會認為你應該更加注重努力工作、出人頭地。但是，你一旦體會到了開放和如如不動的自然本質所帶來的寧靜和喜悅，你會發現自己一次又一次，不可阻擋地被吸引回來，與此同時，你生活中的優先順序和關注點也會隨之改變。

結語

當你安住在覺醒的覺知力中，你生活中的各個層面都會產生蛻變，你不再努力去改變或改進它，而是以它原本的模樣歡迎它，並從它固有的神祕、美麗和完美中找到喜悅。過去充滿了衝突與埋怨的人際關係，同時包括與自己的關係，現在，都洋溢著相互欣賞、感恩和愛。實際上，當充斥在頭腦中的資訊交換消失，當不再持續不斷地與現實爭執，你自然而然地會愛上生活的原本模樣。

問與答

問：我不明白，如果你不相信有來世，你怎麼能平靜地面對死亡？

答：如果你把自己認同為念頭、感受、記憶、故事、成就和信念的合成體，那麼，你就無法平靜地接受肉體的死亡，除非你相信肉體所包含的獨立自我，會以某種方式轉世或重生，無論是進入天堂、極樂世界，還是以某種未來人類的形態重生。為了減輕人們對死亡的恐懼，包括佛教在內的許多宗教，都對死亡之後將要發生的事情給予了令人欣慰的解釋，但是，當你從被身心束縛的獨立個體的夢境中醒來，了悟到你與無邊無際、無形無色、無處不在的存在本質（我一直稱之為的覺醒的覺知力）並無二致的時候，死亡就失去了它的毒性，因為你靈性中的每一根纖維都深深地意識到：真正的你永遠都不會死去！這是多麼令人解脫的啟示！

問：因為我太瞭解自己了，所以我不相信自己是天生完美的，如果我不能努力堅持自我完善，我確信，我肯定會不斷重複同樣的自我摧毀行為。

答：自我提高的問題在於，持續不斷地努力活在你所認為的生活理想狀態，可能會讓你精疲力竭，而且收效甚微。此外，你也許需要思考一下，你的這些理念是從哪裡來的，是從看過的流行雜誌或自我完善熱銷書上總結而來，還是從歐普拉（Oprah）或菲爾博士（Dr. Phil）的脫口秀上得出結論？你是從「禪者的風貌」教導中總結出來的嗎？還是在孩提時代，基於你的父母或他們的父母的根深蒂固的觀念形成的產物？你可能終其一生都在鬱鬱寡歡中度過，都在試圖成為不是自己的那個人，試圖將自己與某個標準相比較，而這些標準總是隨著流行文化的風向，或隨著自己的興趣和生活閱歷的改變而改變。或者，你現在就可以擁抱自己原本的模樣，找到快樂和滿足，這就是偉大的聖賢所宣導的。

事實上，你苦苦掙扎去完善的這個獨立自我，必定會感到蒼白無力，因為它沒有持久的實質或效力，充其量，它只是真正的你背後的一個脆弱的影子，一個蒼白的冒名頂替者，冒充你存在的真正核心本質。無論你如何改善它，你永遠都不會對它滿意，因為它無法給予你所尋求的無條件的快樂和安寧。不要再追求完美，而是相反地，讓自己做原本的自己。相悖地，這種深度的自我接受和順其自然是最強大的自我完善，因為它結束了你與自己之間分裂、衝突的關係。從這種深層的放下和自如之中，喜悅成為你的自然之態，恰到好處的言行隨著當前的境遇自然而然地呈現。

第 7 章

YOUR HEAD IN THE DEMON'S MOUTH

離佛一尺
即是魔

從覺醒的覺知力的視角來看，情緒不是要解決的問題，而是要迎接的體驗，不是沉溺其中，也不是轉化為行為。

在人類的經歷中，大概沒有什麼比憤怒、悲傷、恐懼、嫉妒或欲望等具有衝擊力的情緒更神祕，更令人困惑的了，它們似乎按照自己的規律運行，與所謂的理性思維只保持著微弱的聯繫，而理性思維長期以來一直在努力理解它們。實際上，這些情緒似乎自成一體，它們蒙蔽了我們的判斷力，鼓動我們以奇怪的自我毀滅方式行事，這似乎阻礙了我們安住在覺醒的覺知力的寧靜與清明之中。

佛陀將「欲」（原意為「渴」）稱為痛苦的根源，並傳授了一條擺脫「欲」的道路。各種宗教傳統中的隱士、棄徒、瑜伽士和苦行僧都曾花費畢生精力，試圖透過拔除或超越這些強有力的情緒，從而找到安寧。在近代，佛洛伊德以及他在西方心理學領域的後繼者們，努力尋求情緒的成因，並試圖找到擺脫情緒束縛的方法，而製藥公司也開發出了一些藥物，並信誓旦旦說這些藥物可以抑制情緒或讓情緒失聲。然而，從我們無造作的自然本質的角度來看，情緒並不是要解決的問題，它們只是體驗，需要被我們如實地接納，不是沉溺其中，也不是付諸於行為。

世俗的角度對待情緒

如果你和大多數人一樣，已經習慣於運用各種方式對待情緒的話，那麼，最常見的方式大概是把自身認同為情緒，並沉浸在情緒所延續的故事中。例如，如果你愛的人拒絕了你，選擇了另外一個人，你可能會沉溺於「他是個負心漢」的故事中，並陷入憤怒、怨恨、絕望的情緒泥潭。或者，你丟了工作，你可能會責怪老闆，並在你的朋友面前詆毀她，而堅決不願意面對自己其實也行為拙劣，你淹沒在痛苦的情緒中，迷失在腦海中不斷浮現的劇情裡。

另一種常見的反應是藉由一種或多種所謂的防禦機制，如壓抑、克制、防禦投射、轉換昇華或投射性認同，來回避這些情緒。這些複雜的心理過程一般都是無意識的，因此很難被發現，它們透過隱藏情緒或將情緒歸因於他人，來阻止你面對和擁抱具有挑戰性的情緒。例如，你不需要面對自己的痛苦和脆弱，因為在你看來，你生活中的其他人更像是無辜的受害者，或者，你把憤怒埋藏在心底，成功地維持了一個從不會被人惹毛的老好人的形象。這種方法的弊端在於，這些錯位和被誤解的情緒可能會導致疾病、緊張，與他人產生衝突，並感到自己的鮮活和真實被阻斷了。

最後，你可能會試圖透過消極遁世的方法，超越自己的情緒（這種方法在修行領域很常見），假裝自己已經提升到不會再有「負面」情緒的層次。

如果你正處於一段親密關係中，你的伴侶可能會感受到你自命清高的態度，這種態度往往會阻礙發展為真正親密性關係的可能，直到這種偽裝崩潰。或者，當所謂的「負面」情緒繼續以無意識的方式展現出來，你可能終極一生都會在與世隔絕中度過，這種方法被稱為「修行回避」，在西方靈修導師中很常見，他們可能一邊宣稱自己無懈可擊，一邊卻怒斥下屬、與學生發生性關係、侵吞修行院的資產。

正念禪修和覺醒的覺知力的角度對待情緒

如果你練習正念禪修，你可能會採取截然不同的方法，你學會與情緒交朋友，溫和並不加評判地關注它們，而不是防禦你的情緒或將它們轉化為行為，你可能會逐漸地形成一種內在的空間感，這使你能夠感知到你的念頭和感受，而不一定會陷入其中。當強烈的情緒纏住你的時候，你能夠帶著慈悲心去探索它們，你可能會洞察到它們的構成，以及可能觸發它們的環境。

透過仔細的探究，你可能會發現情緒是由念頭、記憶、想像和身體感知組合而成，你可能會進一步洞察到它們短暫、無實質的本質，最終將你從它們的控制中解脫出來。在佛教或其他傳統中，正念禪修通常伴隨著為了培養更積極、更催人向上的情緒的冥想練習，例如，培養愛與慈悲、喜悅、平靜，以此作為憤怒、仇恨、嫉妒、恐懼等更具有摧毀性情緒的解藥。最終，透過更高層次的練習，你也許能夠看透這個被你認同為自身，且獨立分離的個體的無實質性，一切困苦的情緒顯然都在這個體中發生（更多關於情緒冥想練習，參見我的《冥想入門》一書）。

然而，在實踐中，正念冥想往往會衍生出一種避世、冷漠、旁觀的立場，不動聲色地把某些過於強烈或具有威脅性的情緒輕輕地推開，並鼓勵運用覺知力來控制你的頭腦和心理的狀態。你可能會把正念禪修作為一種回避或壓制的方法，強加上一種依賴不斷努力保持正念而獲得的平靜，而不是允許這些憤怒或悲傷的困苦情緒打破你精心編織的平靜。一旦你感覺到你的平靜崩塌，你就會急忙回到蒲團上開始冥想。

相比之下，覺醒的覺知力自發地歡迎和擁抱情緒原本的模樣，不帶有刻意的探究、管理、壓制或以任何方式改變它們。把關注點從情緒本身轉移到無條件的開放中，情緒在此升起和消逝。安住在這種開放、純粹、無始無終的當下中，並認識到這才是你的真實本質，你就不會與任何體驗爭執，允許一切如其所是。你並不偏愛所謂的正面情緒，認為它比所謂的負面情緒或破壞性情緒更加可取，然而，自相矛盾的是，這種無條件的迎接自然而然地帶來了心靈的豐裕，並滋養了寧靜、愛、感恩和喜悅的情感。

事實上，你不需要施加任何努力，也不需要刻意地培養或追求，這些具有滋養性和補充性的情感，會逐漸地滲透和化解那些持續引發衝突性情緒和不斷遮蓋覺醒的覺知力的核心和困頓的部分。你越是能夠安住在，並化作覺醒的覺知力，你越是能夠破壞那些阻礙了讓你生活得更透徹、更流暢的障礙，你也就越能夠釋放出它們的能量，賦予你更了悟的人生。

冥想練習：與無條件的開放和純淨相連

這個練習在藏傳佛教練習的基礎上做了修改，把觀想法作為安住在你的自然本質的入口。花幾分鐘安靜地坐下來，輕閉雙目，把注意力從思緒不斷的頭腦轉移到往來的呼吸上，現在，想像在你的頭頂上，端坐著一個無比純淨、無比明亮、滿懷慈愛、光芒四射的靈性，這可以是耶穌的形象，也可以是佛陀、聖母瑪利亞、觀世音菩薩的形象，也可以是某個天使、菩薩、神靈、聖人或智者，你也可以僅僅想像一個光芒四射的光環。不管它是什麼形象，都不要關注細節，而是關注它所散發的光和愛，調動你所有的感官去想像這個靈性。

想像這種光和愛向四面八方放射出去，越來越遠，直到宇宙最遙遠的角落，想像整個宇宙都充滿了光與愛、寧靜與喜悅的能量，用幾分鐘的時間享受這種想像。

現在，想像這股能量像一條閃著白光的河流，從你的頭頂流淌到你的脖頸，讓你的身體充滿了愛與光，想像這股純淨、寬廣的能量化解了所有的蜷曲緊縮和所有的固執執著，留給你的是清澈和純淨。

現在，想像這個靈性之光，滑落到你的脊椎，停留在你的心中，在這裡，你與它融合，化作為它。你就是那無比純淨、無比光明、滿懷慈愛的靈性，這些特質從你的心中向四面八方散發出去，你可以盡你所願，安住在這無窮無盡的光芒中。

最後，放下所有的想像，只是安住在你與生俱來的純淨、安寧、愛和喜悅的自然之境。當你起床開始一天的工作的時候，留意這個冥想練習如何對你產生持續的影響。

如果你想探索你的情緒，你可以去除任何標籤、概念或故事，直接地，不加任何媒介地體驗情緒本身。當你不再抵觸它，不再試圖擺脫它，甚至不再努力以正念禪修的方法觀察它，而是讓它在開放、無條件的覺知力中，如其所是，你可能會發現情緒僅僅是能量的流動，是被我們稱為生活的眾多舞蹈中的一個舞動而已。只有當你用故事來延續它，或努力馴服它，或試圖化解它的毒性的時候，它才構成問題。讓它自己自然地展開，它最終會在某些傳承中稱為「自我解脫」的過程中得以釋放出來，隨著時間的推移，你會逐漸地認識到這些情緒並不屬於你，或者更確切地說，這裡並沒有一個永恆不變的我擁有並留住這些情緒，它們只是自然而然地流逝，無處安在。

雖說覺醒的覺知力並不偏愛積極或消極的情緒，但就本質而言，它的確偏愛自由和開放，而非固化和緊縮。即使是對積極情感和心態的執著，也會影響你毫無保留地擁抱生活的原本模樣，而生活的原本模樣正是非兩元覺知力的標誌。一旦你陷入挑揀和取捨，比如，喜歡正面而不是負面，喜歡好而不是壞，喜歡對而不是錯，喜歡光明而不是黑暗，你就會再次陷入兩元對立的境地，你就會抵制生命正在呈現的真實模樣。

正念禪修和直接法之間的不同非常微妙，卻至關重要，正念禪修旨在建立一種特殊的注意力，以此洞察到具有挑戰性的情緒，從而釋放它們，並以更輕鬆的心態取代它們；直接法是自然而然地、自發性地擁抱情緒，不帶有任何目的或解讀，同時也不認同它們是屬於我的，並相信它們會得以在無條件的覺醒的覺知力中自我解脫。

冥想練習：如實接納情緒

強烈的情緒可能看起來像是障礙或干擾，使你無法安住在覺知力中，但是，如果你如實地歡迎它們，不被其中的內容所困，它們也可以把你帶回你與生俱來的覺悟和平靜。

舒適地坐上幾分鐘，把注意力從你頭腦中的思緒轉移到往來的呼吸上，現在，查看一下你的身體中是否有揮之不去的憤怒、悲傷或恐懼的感覺，如果你感覺不到任何具體的東西，你可以回憶最近發生的某個困境，並觀察它會引發什麼樣的感覺。

選擇其中的一種感覺，讓你的覺知力停留在那裡，不是停留在故事裡，而是停留在身體的感覺上。放下一切可能升起的想像、回憶或念頭，僅僅注意身體感覺，不去改變它或擺脫它。甚至把「憤怒」、「悲傷」或「害怕」這些具有強烈含義的標籤也放下，僅僅停留在感覺的原始狀態。注意你在面對這些感覺時，可能會產生抵觸情緒，同樣地，允許這種感覺存在。

現在，留意圍繞著這些感覺而產生的故事，留意它們不是為了沉浸其中，而是為了更加接近它們。這些故事聽著很耳熟嗎？你以前聽過同樣的故事嗎？如果你走進這些故事，並相信這些故事，你會有什麼樣的反應？如果你退後一步，僅僅把它們當作一個故事，會發生什麼？這些故事是真的嗎？相信這些故事，讓你付出了什麼代價？

現在回到沒有絲毫添加的原始感覺，它有任何變化或轉移嗎？不管有沒有變化，允許它如其所是，放下任何保持當下的努力，只是化作廣闊開放的覺知力本身安住下來。讓這種感覺展開（或者不展開），你無需任何進一步的干預或努力，讓它僅僅成為另一塊浮木，在你真實本質的無限海洋中漂浮。

掉進強大情緒的牢籠

有的時候，你可能會被強大的情緒俘虜，感覺自己像是被洪流捲走，失去了與覺醒的覺知力的連接。與其掙扎著保持當下或保持正念，另一個方法是任由自己被俘虜，就像你隨著海浪起伏翻滾一樣，不是刻意地被捲入其中，也不是故意把它們呼喚而出，而是不加抵抗地任由它們自然發展。當洪流逐漸平息後，你可以從水中探出頭，判斷一下情況，也許你可以思考一下，你是在什麼地方上鈎並把自己識別為這些情緒的，是什麼故事或信念引誘你回到了分裂的自我，導致了衝突。

比如，你的老闆在對你的年度工作評估裡，給了你批評性回饋，你立刻陷入了驚慌恐懼之中，你開始想像你的工作岌岌可危，你的生存狀況面臨挑戰，不管你如何跟自己講道理，還是感到情緒的洪流像是要把你淹沒。如果你練習正念禪修，你可能會發現把呼吸作為錨，不斷地回到呼吸上，會有所幫助，你可以從這些強大的情緒中找到一些落腳點。或者，你可以像之前我們講到的，去掉所有的標籤、概念或故事，不加任何媒介，直接迎接情緒本身，允許以它們自己的方式發展，並堅信這種無條件的迎接本身就是覺醒的覺知力的基地。當情緒逐漸淡化，你可以探詢哪些核心信念是引發這些情緒的導火線，比如「我沒有生存下去的條件」，或者「活在這個世界上，讓我覺得很不安全」，當這些信念在更深層的認知下逐漸暗淡，你自然而然地回到了非二元的覺醒的覺知力的家園。

這裡的重點是，你並不是努力找到任何方式來改變經歷，甚至都沒有努力保持正念，你只是讓這些情緒如其所是，順其發展，並洞徹到它們不能摧毀真正的你。實際上，你越是抗拒，你越是強化了這種分離感，而情緒正是建立在這種分離感之上的，矛盾的是，你越是擁抱它們，它們越會放手。一位傑出的禪修大師說過，當他拒絕魔鬼住在他的岩洞時，它們變得更加兇猛，但是當他歡迎它們，一起和他在岩洞裡住下，並最終把頭伸進最為兇猛的魔鬼的嘴巴裡時，它們便消失了，再也沒有回來。

無論你被情緒的洪流帶走多少次，都要停止把某些情緒判定為負面情緒的習慣，也不要因為有了這些情緒而自責，評判只會增加更多的壓力和衝突，最終激化、而不是緩和情緒。認識到情緒就像是天氣一樣，不可控制地來來往往，但是，安住在覺知力中，會改變你和情緒的關係。盡可能地成為溫暖並容納一切的空間，讓情緒在此上演，但是不要捲入其中的糾結，當你被捲進去時，留意你的反應，並回到覺知力的家園。

情緒究竟意味著什麼？

佛教傳承從兩個不同的方面認識人生：絕對視角與相對視角。從絕對視角來看，一切存在的本質是完美的，也是完整的，卻同時不具持久的實質，正如夢境，似乎很有意味，歸根究底卻是瞬息也沒有實質的。從這個角度來說，你是一個夢中的人物，你的任務就是從沉睡中醒來，並意識到你的真實本質是純粹的、無條件的覺知力，從而脫離夢境。從相對的視角來看，你是一個獨立的人，你與其他的個體產生互動，捲進各種親密的關係中，你具個人化的喜好和目的，有自己的生存之道，承擔責任，面對你的行為所產生的各種結果。你對應於一個特定的名字，你從這個、而非另外一個身體裡醒來，把食物放進這個嘴巴裡，住在這所房子裡，擁有這些朋友和家人。這兩種視角同時都是真實的，不僅如此，它們還是不可分割的，正如一種說法所述：這就像一枚硬幣的正反面，或者像一個盒子和它的蓋子。如果你停滯在相對中而忘記了絕對，那麼你只會認同自己的表象形式，因為你缺乏對存在的根本實質的深刻理解來支撐自己，所以你只能遭受命運帶來的無情明槍暗箭。如果你停滯在絕對中而忘記了相對，你最終會感到與生活和其他人的疏遠、冷漠，也不會托起愛與慈悲，而這正是覺醒的覺知力在形與相的世界中的展現。

從絕對的視角來看，情緒不屬於任何一個人，它們只是夢境中的能量流動，不具有個體意義，因為這裡並沒有一個持續的個體，能讓情緒有所歸屬。但是，從相對層面上來看，一些情緒的確是有意義的，因為它們代表著友情、親情和親密關係的波浪在內心的湧動。例如，一些人會自然地在你的內心引發特定的感覺，這種感覺是無法拒絕的，並且會成為你為人處世的基礎。實際上，對情緒、身體體會和直覺之間的平衡度的敏感調適，是形成健康、覺醒的人際關係的基礎，也為生活指明了方向和目標。關鍵在於分辨出反應性情緒和人類根本情感之間的區別，我的一位老師把這稱之為「情緒化」和「真情實感」。

情緒化是建立在條件上的，是基於故事和信念，它們助長了你局限性的、以我為中心視角的身分認同感。例如，當某個人挑戰了你精心打造的自我形象時，你會出離憤怒，或深受傷害，並產生出衝突和分裂。反應性情緒往往是強烈的、痛苦的、有殺傷力的、針鋒相對的、防範性的，就好像你試圖保護內心深處某個正在被圍攻的要塞或軟肋。儘管它們可能隨著時間的推移而淡化，但是它們往往會積水成淵，不會釋放而出或自我化解，除非你溫和地探究它們的核心信念是什麼，持續的分離感立基於這些核心信念之上。

相較之下，根本情感和身體體會更微妙、更安靜，不是非常明顯和尖銳，也不是建立在這個世界和他人應該是什麼樣子的故事和信念上，它們不僅僅不會讓人感到痛苦和衝突，反而會促進人與人之間的關係和親密感，不僅是你與他人的關係，也是你與自己的關係。當你迎接真情實感並全身心地體驗它們的時候，你往往會感到輕鬆、充滿活力、溫和、感動，並感到與你自己的存在更加親密。

例如，如果一個朋友去世了，你可能感到悲痛和傷逝，從而使你對他人產生更多的理解，並對生命本身產生深深的感恩之情。或者，你與愛人之間產生了誤解，你的傷痛可能會自然而然地化解在對每個人的理解和慈悲中。由於這些情感和身體體會往往直接發自於心靈，而不是來自於劍拔弩張的塵囂，因此它們經常揭示出一種深層的認知，這種認知充盈並知會了你的形與相的世界。（如需深入探索情感與身體體會的調適，我推薦約翰．普蘭德賈斯特〔John Prendergast〕所著的《接觸》〔*In Touch*〕一書）。

找出固化的思維和感受

當你允許情緒在覺知力中上演，不以任何方式干預或操控它們，你可能會開始注意到，當頭腦習慣性地固定於某些問題和關注點時，它們會不斷地繞回到相同的重複性思維模式和感受模式。事實上，頭腦在某些形式上的固化傾向是痛苦的根源，反應性情緒由此而生。一旦你熟悉了這些重複的模式，這些一次又一次使你纏繞糾結又把你拉回身分認同的故事，你可以在它們被啟動的時候，更快地識別出它們，並更容易釋放出它們產生的情緒，也更容易讓它們穿越而出。

舉例來說，你的核心故事是「沒有人愛我」，甚至更為根本性的核心是「我不討人喜歡」。如果你透過這個故事的濾鏡，過濾你的人際關係，那麼，你到處都可以找得到證據。你最好的朋友一個星期沒有給你打電話，你就會認為她不在乎你；你的同事們忘記邀請你吃中飯，你就斷定他們無法忍受和你相處。你總是帶著一種不斷被拒絕，不斷受傷的感覺徘徊著，而這會在各個層面影響你的人際關係，甚至可能讓你變得不那麼討人喜歡。但是，一旦你看穿這個模式，並認識到這是你在強行扭曲事實，而不是別人對待你的真實態度，這時你就可以在它再次出現的時候抓到它，並把這些熟悉的被拒絕感和受傷感，碾碎在萌芽期。

事實上，回到覺醒的覺知力最有效的方法之一，是與你的核心故事熟悉起來，當它們出現的時候，帶著慈悲心和洞察力面對它們。你不需要刻意地這樣做，一旦認識到這一點，你本自具有的、無條件的開放性，會自然而然地轉向痛苦的故事和情緒，並會嘗試（並非刻意的努力）向這些痛苦的故事和情緒滲入覺知力，從而解脫它們、回收它們。就像水會流向每一個開放的角落和縫隙一樣，覺醒的覺知力之光似乎本來就具有一種滲透進我們生命中的黑暗和無意識領域的傾向性。

除了個人的核心故事之外，每個人都還對某個特定主題，持有一種重複性的、習慣性的固定化思維模式，這種模式就像一條主線一樣，貫穿每個人的一生。幾個世紀以來，不同的文化和不同的傳統以不同的方式闡述了這些固化模式，例如，佛教根據傳統中常說的「毒」，或者痛苦的根源，將這些模式分為三種類型：貪婪型、厭惡型和妄想型。貪婪型的人專注於自己想要的東西，對食物、性、關注度、愉悅度、人際關係、物質財富有無休止的索求，這導致他們的情緒滑向欲望的變相形式，比如佔有、貪食、不滿足或嫉妒。厭惡型，顧名思義，他們專注於抵抗來自外界的威脅或攻擊，通常是透過某種形式的憤怒或憂慮，比如焦慮、恐懼、指責、過度警覺、憎恨或狂怒。妄想型通常生活在迷茫、愚昧和混亂的陰霾中，情緒往往比較低沉、混雜、矛盾和含糊。

蘇菲派拓展出了一套更為精確的方法，來理解在我們固定化的思維模式之上，什麼是我們詮釋生活和固化注意力的核心方式（這種方式隨後在西方得到了進一步的闡述），被稱之為「九型人格學」。九型人格學是在三種基本模式：「形象，擔憂，憤怒」之上延伸出來的九種人格形式。其中的三種形象型人格者，主要關注如何被他人感知並接受，他們主要透過心理溝通來建立與他人的聯繫，並注重幫助他人，看起來成功精幹，或者把自己打造成具有獨特創造力的形象。三種擔憂型人格的人，關注的是如何透過思考找出問題所在，以便在一個充滿威脅和動盪的世界中確保安全，創造出一個精緻並具有防衛性的內在世界，或者透過把生活策劃地津津有味來躲避不悅的感覺。而三種憤怒型人格的人，則關注如何處理自己的攻擊性衝動，他們會壓制這種衝動，轉而透過支配他人來表現出這種衝動，或者透過評判別人、總是壓人一頭的方式釋放這種衝動。（這個介紹僅是蜻蜓點水，非常簡化，關於每種類型的詳細闡述，我推薦由唐・里索和拉斯・赫德森〔Don Riso and Russ Hudson〕所著的《九型人格全書》〔*The Wisdom of the Enneagram*〕，以及艾利・傑肯—貝爾〔Eli Jaxon-Bear.〕所著的《從固化到自由》〔*From Fixation to Freedom*〕兩本書。編按：前者有中文版，商周，2019。）

冥想練習：識別出你的固化所在

你有沒有想過你的核心固化思維是什麼？什麼是你用來組建注意力，過濾生活經歷的習慣性思維？下面這個冥想練習，是用來反思在你的核心固化思維之下，什麼是你的關鍵性主題和主要方式。記住，你的固化所在並不是你的真正所在，它阻礙了你徹底成為真正的你。

舒適地坐下來，把你的注意力從念頭轉移到一進一出的呼吸上，現在，從腦海中找出最近三到四個會引發你痛苦感的事情，如果你沒有特別強烈的感覺，你可以回想你所經歷過的緊張或衝突的時刻，花一些時間更仔細回想它們，反思一下可能引發你痛苦的問題。

你是否注意到有任何反覆出現的情緒或主題，像主線一樣貫穿每一種境遇？你對於生活抱有什麼樣的信念？你的主要關注點是讓別人愛你或認可你嗎？還是你認為這個世界充滿了危險，你需要保護自己免受攻擊或批評？當你遇到困難時，你是傾向於想辦法解決問題，還是傾向於憑直覺做出反應，抑或是傾向於與他人溝通？你應對生活的核心策略是什麼？你反覆出現的主要情緒是什麼？

記錄下你所發現的點點滴滴，同時注意識別出這些主題和情緒如何影響了你，你現在是否感到更加舒展，應對生活的急迫感是否得到了緩和？還是你仍然被核心故事纏繞？

現在，注意你對這些問題的回答，並且注意這些問題和回答本身，只是念頭和概念升起在你的覺知力中，注意你是否想附著在它們上面，或者想要圍繞著它們編造故事。讓它們與升起在覺知力中的其他任何念頭一樣翩然而過，讓自己化作覺知力本身安住下來，讓自己成為空間，讓念頭、情緒和故事在空間中往來。請記住，你不是這些故事，而是這些故事在你之中升起。

儘管這些類型分類可能會幫助你識別出你的核心固化思維，也可能為你解釋了為什麼他人會有一些令人費解的行為，但是，如果它們誘使你相信，你的固化思維是對「你是誰」的總結，然後利用這些知識鞏固你對獨立分離自我的認同，那麼它們就使你誤入歧途。從覺醒的覺知力的角度來說，九型人格學和其他人格分類僅僅可以用來幫助你闡明和澄清「你不是什麼」，由此你可以看到你所執著的本質是什麼，並立即回到你的無條件開放之中，讓一切如其所是。當你被困在一個核心故事中，無法輕易地找回通往覺知力的路徑時，你可以提醒自己你的固化所在，並迅速地把當前的故事看作更深層心態的一種表達。否則，這只是一場沒有深度的心理遊戲，並可能會演變成另一種干擾或私見，換句話說，你最終可能執著於另一種固化思維方式。

歸根究底，任何形式的固定思維，即使是對高尚的修行信仰、修行見解或修行狀態的固執，都會成為阻礙你徹底成為無條件的開放和自由的覺知力的障礙。你的真實本質無法以任何方式被識別出或限制住，而頭腦善於類別化和概念化的能力只會掩蓋你的真實本質，任何理解都必須消解在成為理解本身之中，也就是說，你需要放下你的修行概念或修行理念，僅僅化作空性和自由安住下來，而你悟到空性和自由才是你的真實本質。

結語

你看過電影《小活佛》（*The Little Buddha*）嗎？在這部電影中，這位馬上就要覺悟的老師，在冥想中受到了強烈的幻象和情緒的誘惑，他始終保持著寧靜和淡定，而覺悟就像是晨星一樣，最終破曉而出。一旦你發現了自己與生俱來的覺知力和寧靜的自然之境，就會感到一生中所有的積習，都聯合起來誘使你離開你的自然之境。要安住在覺醒的覺知力中的關鍵在於，抵住掙扎和抗拒的誘惑，而是像佛陀一樣，如實地迎接體驗的原本模樣。在這個過程中，你會逐漸地熟悉那些不斷引誘你的積習和固化思維，逐漸地從它們的掌控中脫離出來。

問與答

問：你似乎在說，情緒必然是由潛在的信念引起的，可是，我有時會有很強烈的負面情緒，而我卻找不到顯而易見的原因，有沒有可能有些情緒只是突然產生呢？

答：是的，這當然有可能，尤其是早年的創傷（或成年後強烈創傷）造成的情緒。例如，你可能會發現你明明處在一個無危險的環境下，而你卻突然感到恐懼，並且找不到恐懼的原因。最有可能的是，某些事件把當前環境和過去曾經發生過的傷害、危險或虐待聯繫在了一起，你的情緒由此被觸發。例如，某些性愛場景可能會觸發童年時遭受虐待的人的情緒，或者，汽車引擎逆火時發出的聲音，可能會引發一個退伍老兵的恐懼，讓他想到在他眼前被槍殺的戰友。如果你仔細調查，你往往會發現一些核心信念，比如「我不安全」，或者「全世界都是衝著我來的」，而這些信念在開始時並不明顯。不管你能否識別出核心信念，最關鍵的是迎接這些感受，而不要試圖以任何方式抵制它們或改變它們。

問：我很少被困苦的情緒干擾，我相信這是我一直練習冥想的結果，但是，我的妻子卻認為我是消極避世，就像你描述的那樣，那麼，我怎麼才能知道我們誰是正確的？

答：你可以誠實地問自己下面幾個問題：當情況需要時，我是否能夠給予情感上的支援和回應？還是我表現出漠不關心，視若無睹？例如，當我的孩子講給我一些在學校發生的高興的事情時，或者當我的妻子告訴我，她在工作中遇到的挑戰時，我是否能夠感同身受，與他們心靈相通？還是像《星際迷航記》（*Star Trek*）中的瓦肯人一樣冷眼旁觀？安住在覺醒的覺知力中，並不會讓你脫離普通人的情感領域，相反，因為你不再為了捍衛自己的立場或觀點產生膝跳式反應，所以，它使你與他人更加親密和相通。

問：你是說，在體驗覺醒的覺知力的同時，也有可能產生負面的、摧毀性的或憤怒的念頭和情緒？

答：當然可能，覺醒的覺知力歡迎所有的念頭和感受，記住，覺醒的覺知力不是一種體驗，而是一個覺醒的、覺知的空間，在這個空間中，體驗來來往往，它不會偏愛某一種體驗，也不會試圖改編或壓制出現的體驗。事實上，透過覺醒的覺知力的眼睛，所有的念頭和感受無論是正面的還是負面的，都同樣是無實質的，都是空性，就像雲彩在空中變幻莫測，但是並不具有不變的意義或本質。你越是靜止在覺醒的覺知力中，允許念頭和感受通過，而不是去抓住它們，或把自己認作它們，它們就越是會失去對你的掌控。

問：在你所描述的任何一種固化思維中，我都無法找到自己的影子，或者，更確切地說，所有的固化思維中都有我的影子，有沒有可能從每一種人格類型中都分到了一部分？

答：是的，當然可能，不過，通常都是一種類型或一種固化方式占主導，當然，無需多言，我們有時都是受到了恐懼、憤怒、愚昧、保護自我形象的驅使，我們都希望別人愛我們並承認我們，為了保護我們自己，我們都會試圖想辦法解決問題，為了避免衝突的發生，我們都會壓抑我們的感受，但是，如果你仔細觀察，你可能會發現，有某個特別的法則會反覆出現，並佔據主導。歸根究底，不要被另一種固化思維所固化，它們只能闡明「你不是什麼」，它們最終的價值只是一個指向「你是什麼」的指向標。

【尾聲】

解構與深化

你的不存在，正是你的存在。

——金恩・克蘭（Jean Klein）

歸根究底，覺醒的覺知力的家園是一個無園之園，無處之處，無位置，無實質，無物可握，無境可達，無地可落，就其本質而言，它是無條件的開放，不被任何條件制約，它是純粹的潛在，它是無邊無際、無陳設、無中心或邊緣的空間，同時，這個空間與它所包含的一切又是密不可分的，也就是說，覺知力與其所覺知到的物件是渾然一體的，無法分割的。天地間唯有這個不可分的、非兩元的存在。唯此！儘管我們用詞語來描述覺醒的覺知力，但是它並不是一個獨立分離的狀態或事物，一旦你以為找到了可以把握或冠以名稱的東西，你就迷失了方向，被纏繞在概念和體驗中。你永遠無法像理解一個想法、情緒，或任何覺知力所覺知到的物件那樣去理解它，你只能清醒地化作它，允許它以一種頭腦無法理解的方式運行你。

當你讀到這些文字時，你可能會覺得它們很抽象，甚至是你的理性思維無法理解的，然而，在內心深處的某個地方，早已明瞭所說的真實存在，並與之共鳴，就像是音叉與鐘聲和諧共振一樣。

矛盾的是，深化覺醒的覺知力的唯一途徑是全然放下，你永遠不可能有計劃的提升它或擴展它，因為只要你開始嘗試這樣做，它就從你的指縫中溜走了。從絕對存在的角度看，覺醒的覺知力當然不能被深化，因為它已經是無窮盡的了，深化的是你安住於其中的能力，正如我的老師金恩．克蘭所言：「你的不存在，正是你的存在。」你越是放手，越是讓它如其所是，無人安住，無人想要成為覺知力，覺知力的安住越是得以深化。

休息並安住在覺醒的覺知力中的標誌是，你不再感到任何匱乏或不足，不再感到需要從當下一刻中做出改變、調整、添加或刪減什麼，你不再尋找更好、更充實、更舒適的狀態，允許一切事物如實呈現，讓你感到完整和踏實。這並不是說你不會改變你的環境或狀況，做出改變是邁向和諧自如的一種自然行為，從罩上一件毛線衣，到出去散步，或者買一輛新車、換一份工作，你只是不再要求事物出現改變，事物改變也好，不改變也罷，你都平靜安定。儘管人生境遇在持續不斷地轉換、展現，你對當前發生的境遇可能喜歡也可能不喜歡，但是內心深處有一種了悟：一切事物的原本模樣永遠都是「唯此」。從根本上、本質上領悟到你就是「此」，標誌著覺知力的覺醒。

隨著你的了悟逐漸成熟，覺醒的覺知力會滲透進你的生活中，所有獨立分離的個體痕跡都會消失，最終，你甚至不能說：「我是覺醒的覺知力。」因為沒有「我」去認同我是什麼，或我不是什麼，唯有覺醒的覺知力存在——這非兩元、不可分的連續體，這不二的「一」，以萬千形色展示自己。

唯此！

心靈工坊 PsyGarden
Holistic 161

超越正念：當下立斷的覺知練習

Beyond Mindfulness: The Direct Approach to Lasting Peace, Happiness, and Love

史蒂芬・鮑地安（Stephan Bodian）—著

盧冷芳—譯

出版者—心靈工坊文化事業股份有限公司
發行人—王浩威　總編輯—徐嘉俊
執行編輯—趙士尊　封面設計—黃怡婷　內頁排版—李宜芝
通訊地址—10684台北市大安區信義路四段53巷8號2樓
郵政劃撥—19546215　戶名—心靈工坊文化事業股份有限公司
電話—02）2702-9186　傳真—02）2702-9286
Email—service@psygarden.com.tw　網址—www.psygarden.com.tw

製版・印刷—彩峰造藝印像股份有限公司
總經銷—大和書報圖書股份有限公司
電話—02）8990-2588　傳真—02）2290-1658
通訊地址—248新北市新莊區五工五路二號
初版一刷—2024年11月　ISBN—978-986-357-405-7　定價—380元

BEYOND MINDFULNESS:
The Direct Approach to Lasting Peace, Happiness, and Love
by STEPHAN BODIAN, foreword by JOHN J. PRENDERGAST, PhD

國家圖書館出版品預行編目資料

超越正念：當下立斷的覺知練習/史蒂芬.鮑地安(Stephan Bodian)著；盧冷芳譯. -- 初版. -- 臺北市：心靈工坊文化事業股份有限公司, 2024.11
面；　公分. -- (Holistic ; 161)
譯自：Beyond mindfulness : the direct approach to lasting peace, happiness, and love

ISBN 978-986-357-405-7(平裝)

1.CST: 禪宗 2.CST: 修身 3.CST: 超覺靜坐

226.65　　113017205